名师名校名校长

凝聚名师共识
回应名师关怀
打造名师品牌
培育名师群体

思维教学的行与思

刘永红 / 著

西安出版社

图书在版编目（CIP）数据

思维教学的行与思 / 刘永红著. — 西安：西安出
版社，2023.12
ISBN 978-7-5541-7286-5

Ⅰ.①思… Ⅱ.①刘… Ⅲ.①中学化学课—教育研究
—高中 Ⅳ.①G633.82

中国国家版本馆CIP数据核字（2024）第002981号

思维教学的行与思

SIWEI JIAOXUE DE XING YU SI

出版发行：西安出版社
社　　址：西安市曲江新区雁南五路 1868 号影视演艺大厦 11 层
电　　话：（029）85264440
邮政编码：710061
印　　刷：北京政采印刷服务有限公司
开　　本：787mm×1092mm　1/16
印　　张：15.75
字　　数：258千字
版　　次：2023 年 12 月第 1 版
印　　次：2024 年 5 月第 1 次印刷
书　　号：ISBN 978-7-5541-7286-5
定　　价：58.00 元

教育意味着一棵树摇动另一棵树，一朵云推动另一朵云，一个灵魂唤醒另一个灵魂。爱与智慧撑起了教育的天空。"师爱"是教师对学生无私的爱，它是师德的核心，即"师魂"。从爱学生的角度来讲，就是教师要做孩子的良师益友。好教师造就好学生，好学生谱写好未来。作为教师，要用心用情用功做好孩子的引路人。作为教师，要用自己真诚无私的心唤醒孩子渴望学习的心。有不少学生对我说："老师您一直是我学习的榜样和目标。"有学生对我说："高中三年最荣幸的事是您担任了我高一的班主任，当时您严而有度的爱深深地感染了我们。"也有学生对我说："高中三年我最感谢和最敬佩的是您。我至今依然记忆犹新的是您的课堂总结，您的'知识、方法、思维'三个层面的总结使我受益匪浅，无愧是'名教师'。"教师的言行的确深深地影响了孩子的心灵。

作为教师，充分利用学科知识中的育人素材，致力于培养可以让孩子一辈子都能带着的品质和能力，即增智育德。时常创设实践和体验机会，让孩子在实践中感悟，在感悟中内化于心，外化于行。要行至于此，教师须学、研、思、行。

教学和研究是教师成长的最佳的捷径之一，是教师内涵式发展的必经之路。在课堂能准确深刻地把握住教育教学的脉搏，不断地超越自我，研究教学，如教学设计与实施、教学评价等，研究课题，特别是教学问题，以问题为中心，以课程改革为舞台，以提升教育质量为目标，能有效促进教师的专业发展。

为落实立德树人根本任务，教师必须不断学习、实践、研究和思考，以启迪思维、激扬生命。我就是在教、学、研、思和行中，形成了"转知成智，化智成德"的教学思想。

本书记叙的是我的教学与科研的案例与成果，也是增智育德的教学案例，见证了我的成长，也带领了同行一起成长。

因为热爱，所以用心。因为热爱，所以执着。我一直用心而执着地在追寻教育之梦，向"教天地人事，育生命自觉"的路上前行，在教与学、研究、思考和分享中育己树人。

本书第六章有两个教学案例，是本市教师发展中心高中化学教研员卢盛云老师的优秀示范课例。这两个案例突显了化学学科思维、逻辑思维的培养，落实了三维表征，还突显了知识结构化、功能化，认知思路结构化，以及输出式教学的实施等，值得老师们反复学习与研究。

目录

第一章　高中学科教学的思考

第一节　知识与思维 ·· 2

第二节　教学思想的形成 ·· 5

第二章　形成教学思想的前期实践与研究

第一节　新课程下化学习题教学的思考与探究 ·················· 18

第二节　以探究性实验驱动学生的化学学习 ·················· 26

第三节　化学必修模块教材资源的有效应用 ·················· 34

第四节　活用高中教材　促进学生发展 ······················· 39

第五节　化学实验教学中巧设问题　培养学生的思维品质 ··········· 48

第三章　教学思想的践行——教学设计与实施

第一节　研究化学教材，彰显育人价值 ······················· 56

第二节　分散系及其分类 ·· 60

第三节　化学反应速率与限度 ····································· 73

第四节　认识有机化合物 ·· 92

第五节　物质的分类及转化 ······································· 117

第六节　高三课堂教学中化学学科关键能力的培养 ············· 130

第四章　教学思想的践行——课题研究

第一节　课题申请评审书核心部分的撰写与成果提炼方法 ………… 136

第二节　课题申请评审书核心部分的撰写与成果提炼方法举例 …… 140

第五章　教学思想在新课程新课标中的实践——素养为本的教学设计

第一节　教学目标与学习目标 …………………………………… 164

第二节　学习目标导向的教学设计 ……………………………… 172

第三节　学习目标导向的教学案例 ……………………………… 178

第四节　学习目标导向的研究与实践案例 ……………………… 189

第六章　专家引领的教学

第一节　认识有机化合物 ………………………………………… 200

第二节　配合物与超分子 ………………………………………… 234

致　谢 ………………………………………………………… 245

第一章

高中学科教学的思考

第一节　知识与思维

一、知识及其价值

知识是人类对物质世界以及精神世界探索的结果总和，也是人类在实践中认识客观世界（包括人类自身）的成果，它包括事实、信息的描述，以及在教育和实践中获得的技能。知识是人类从各个途径获得的经过提升总结与凝练的系统的认识。

知识能够让人与大自然更加和谐地相处，也能够让人们的生活更加方便。知识的价值在于不断提高我们的认知，强化我们的理想信念。

知识价值是知识对于人类社会的存在和发展，以及丰富个体精神生活所具有的价值。包括知识的物质价值（知识对于人类物质生产所具有的价值）和精神价值（满足人类精神需求的价值）。

二、知识的分类和知识学习的分类

1. 知识的分类

梅耶将知识分为陈述性、程序性和策略性知识。陈述性知识也叫描述性知识，指的是关于"是什么、为什么、怎么样"的知识，是对事实、定义、规则和原理等的描述。程序性知识也叫操作性知识，是关于"做什么、怎么做"的知识。策略性知识是关于"如何学习和如何思维"的知识，即个体运用陈述性知识和程序性知识去学习、记忆、解决问题的一般方法和技巧，是调节自己的注意、记忆、思维的能力的知识。让学生"学会学习、学会创造"的核心就是策略性知识。

2. 知识学习的分类

知识学习根据复杂程度分为符号学习、概念学习和命题学习。符号学习也叫表征学习，程度较浅。概念学习是对一类事物的定义、本质、共同属性的学习。命题学习指学习多个概念间的关系。根据知识的关系，知识学习分为下位学习、上位学习和并列学习。下位学习也叫类属学习，是将概括程度或包含程度较低的新概念或命题归属到认知结构中已有的、概括程度或包含程度更高的适当概念或命题之下，从而获得新概念或新命题的意义，先学习大概念再学习小概念的学习。上位学习也叫总括学习，是在认知结构中原有的几个观念的基础上学习一个包容性程度更高的命题，即原有的观念是从属观念，而新学习的观念是总括性观念。在这些原有观念的基础上学习一个概括和包容程度较高的概念或命题时，便产生上位学习。并列学习是在新知识与认知结构中的原有观念既非类属关系又非总括关系时产生的。学生在各门学科中对于许多新概念的学习都属于并列学习。

三、思维与思维能力

思维是具有意识的人脑对客观现实的本质属性、内部规律的自觉的、间接的和概括的反映。按抽象性分，思维分为直观行为思维、具体形象思维和抽象逻辑思维。

思维能力指通过分析、综合、概括、抽象、比较、具体化和系统化等一系列过程，对感性材料进行加工并将其转化为理性认识来解决问题的能力。

高考评价体系将应考查的素质教育目标凝练为核心价值、学科素养、关键能力、必备知识四层考查内容。其中的学科素养包括学习掌握、实践探索、思维方法3个一级指标和9个二级指标，强调了思维的重要性，其中思维方法是指学习者在面对生活实践或学习探索情境时，进行独立思考和探索创新的内在认知品质。思维方法是思维的品质、方式和能力的综合，是个体高质量地解决生活实践或学习探索情境中的各种问题的基础。其中的关键能力群：第一方面是以认识世界为核心的知识获取能力群；第二方面是以解决实际问题为核心的实践操作能力群；第三方面是涵盖了各种关键思维能力的思维认知能力群，主要包括形象思维能力、抽象思维能力、归纳概括能力、演绎推理能力、批判性思维能力、辩证思维能力等。

《普通高中化学课程标准（2017年版2020年修订）》指出了高中教育的

培养目标，其中第二个目标是：具有科学文化素养和终身学习能力，掌握适应时代发展需要的基础知识和基本技能，丰富人文积淀，发展理性思维，不断提升人文素养和科学素养。敢于批判质疑，探索解决问题，勤于动手，善于反思，具有一定的创新精神和实践能力。该课程标准强调了高中学科教学培养学生思维的重要性，指出思维能力是可以后天培养的，高中各学科教学承载了这个艰巨的任务。

二十大报告指出：必须坚持科技是第一生产力、人才是第一资源、创新是第一动力，深入实施科教兴国战略、人才强国战略、创新驱动发展战略，开辟发展新领域新赛道，不断塑造发展新动能新优势。而思维能力是创新能力的核心。因此，在基础教育中培养学生的思维能力是普通高中教育的重中之重。本书的各个案例都重点体现了思维能力的培养。

参考文献

[1] 教育部考试中心 . 中国高考评价体系 [M] . 北京：人民教育出版社，2019.

[2] 中华人民共和国教育部 . 普通高中化学课程标准（2017 年版 2020年修订）[M] . 北京：人民教育出版社，2020.

第二节　教学思想的形成

一、教学思想产生的背景

1. 切合国家中长期教育改革和发展规划的要求

从教以来，我一直有种意念，在课堂教学中，不仅要传授知识，而且要培养学生的思维能力，但没有形成系统的理念、思想。《国家中长期教育改革和发展规划纲要（2010—2020 年)》提出：要以学生为主体，以教师为主导，充分发挥学生的主动性，把促进学生健康成长作为学校一切工作的出发点和落脚点。关心每个学生，促进每个学生主动地、生动活泼地发展，尊重教育规律和学生身心发展规律，为每个学生提供适合的教育。坚持能力为重。优化知识结构，丰富社会实践，强化能力培养。着力提高学生的学习能力、实践能力、创新能力，教育学生学会知识技能，学会动手动脑，学会生存生活，学会做人做事，促进学生主动适应社会，开创美好未来。关心每一个学生的健康幸福成长，为每一个学生的成功奠定良好基础。尊重人才成长规律，因材施教，激发学生学习兴趣，全面提高学生的学习质量，促进学生个性化发展。要坚持能力为重，必须提高课堂教学质量。突出学生的主体地位，探索适应学生身心特征和课程要求的有效教学模式，改进教法、学法，引导学生主动思考、乐于探索、勤于动手，培养学生的学习兴趣、创新思维和实践能力。创设情境引导学生主动学习是有效教学的方法之一。教师在教学中要创设情境引导学生思考，培养学生的多种能力，达到学科教学的育人目标。我一直追求育人，育人的核心是"育智传道"，知识的学习承载着"育智传道"。

2. 发展学生核心素养为教育之本

2012 年我成为广东省中小学新一轮"百千万人才培养工程"高中理科名

教师培养对象，听了林嵩德教授的讲座"中国学生发展核心素养"，其根本出发点是：践行社会主义核心价值观，落实立德树人根本任务，突出强调社会责任感、创新精神和实践能力，促进学生全面发展。这与我任教以来一直追求教育的本真相吻合，我更加坚定了自己的信念。

"核心素养"指学生应具备的适应终身发展和社会发展需要的必备品格和关键能力，突出强调个人修养、社会关爱、家国情怀，更加注重自主发展、合作参与、创新实践。从价值取向上看，它反映了学生终身学习所必需的素养与国家、社会公认的价值观，既注重学科基础，也关注个体适应未来社会生活和个人终身发展所必备的素养。核心素养是可培养、可塑造、可维持的，可以通过学校教育而获得。

根据学生发展核心素养的要求，要建立从知识转化为能力，从能力转化为素养的通道。老师需挖掘知识的教育价值，而把这种潜在的、可能的教育价值转化为学生内在的个性素质需要通过教与学的活动。教师为实现教育价值必须深刻把握教学内容的多重育人价值，创设学习情境进行育人，即从知识教授走向素养教育。

3. 符合普通高中化学课程标准的基本理念

从学生已有的经验和将要经历的社会生活实际出发，帮助学生认识化学与人类生活的密切关系，关注人类面临的与化学相关的社会问题，培养学生的社会责任感、参与意识和决策能力。也就是将学习的知识与生活、生产和科技相联系，让学生感受知识的实用性，进而促进学生自觉学习，从"自学"向"会学"转化，这与我的教学追求一致。

二、教学思想的理论依据

1. 建构主义理论

建构主义认为，知识不是通过教师传授得到，而是学习者在一定的情境即社会文化背景下，借助其他人（包括教师和学习伙伴）的帮助，利用必要的学习资料，通过意义建构的方式而获得的。学习是在一定的情境即社会文化背景下，借助其他人的帮助即通过人际间的协作活动而实现的意义建构过程。因此，建构主义学习理论认为情境、协作、会话和意义建构是学习环境中的四大要素或四大属性。学习环境中的情境必须有利于学生对所学内容的意义建构。这就对教学设计提出了新的要求。也就是说，在建构主义学习环境下，教学设计不仅要考虑教学目标分析，还要考虑有利于学生建构意义的情境创设，并把情境创设看作教学设计的最重要内容之一。

建构主义理论为育智提供了有效的教学路径，教师在学科教学中要设计适合学生认知的学习情境，激发学生学习兴趣与求知欲，发展学生的思维能力，同时使学生学会学习。

2. 加涅学习结果分类理论

加涅将人类学习分成五类，分别是言语信息、智慧技能、认知策略、动作技能和态度。它不仅将信息加工的学习和记忆的理论与教学实践联系起来，而且系统地描述了学习结果和教学事件的关系，揭示了教学事件的本质。加涅的学习结果分类的研究不仅为我们提供了一个新的视角，还为我们提供了教学设计的原则、方法、技术与依据。

加涅的学习结果分类理论不仅有助于教学目标的确立与陈述，还可以用于指导任务分析，对在学科教学中培养学生素养有重要的指导作用。

三、教学思想产生的历程

1. 教学思想雏形的关键词：引导　对话

我凭着对教学的满腔热情一直不懈地研究，但骨子里追求些什么尚未提炼出来。2013 年，省百千万培训中要求学员提炼教学思想，结合课程理念和自身的教学实践进行思考，我将其归纳为关注教学过程，引导学生主动参与，关注教学过程的两个关键词——引导与对话。和老师、同学们交流后，他们都给了建议，但当时我没有成熟的思路，于是结合江浙之行的感悟继续思考提炼。

2. 教学思想提炼的关键词：境中学　学中悟

我继续思考"教学实践关键词的提炼"，经一年的实践与思考，在 2014 年 7 月又将教学实践的关键词修改为"境中学，学中悟"。也就是创设真实有意义的教学情境引发和维持学生有意义学习。"悟"包含教师的悟和学生的悟。教师的悟指把自己掌握明白的学习道理教给学生，这是"觉他"。学生的悟指以下两点：一是教师以自身的思考与行为方式、人格魅力感染学生，使学生乐学好学，这是教师的"觉他"也是学生的"觉己"。二是教师创设问题情境引导学生领悟知识、学科方法和学科思想，即学中悟，进而悟中学。教师根据课程标准、教材内容、学情递进的问题，帮助学生在学习情境中领悟和成功地解决一个个情况，使学生认为学习是一件简单而快乐的事情，一次次地在领悟中得出系统的学习方法和思维模型，引导学生自主学习，达到所谓的学中悟、悟中学，进而达到学科教学的育人功能。

3. 教学思想锤炼的关键词：育人

回顾第一、二次教学思想关键词的提炼，其最终的落脚点是育人。受台湾教育新理念、上海高考课程改革和核心素养的专题讲座及新课程理念的影响，我又在思考：科学素养的教育本质是什么？是学生把所有的具体知识都忘记了所留下来的能够影响学生终身发展的隐性要素，是思想观念、态度、方法和思维方式，是行为习惯，是解决问题的能力和品质。教学是一个信息和情感交流、沟通，师生积极互动、共同发展的过程。因此教师要关注教学过程，在课堂中引导学生主动参与所有活动，使学生在活动中学习知识，获得丰富的体验，发展学生的各种能力和挖掘其潜力。这就是回归教育的本质——关注教学过程，彰显育人价值。

如果教师能够充分领悟科学知识所蕴含的丰富教育价值，认识到科学知识是人类持续认识和探究世界的结果，其中蕴含着特定的科学方法、观念、精神，教师就能将教材上的内容作为组织教学活动、学生进行意义建构、获得情感体验的一种课程资源。不同的教师对教材内容的解读和认识是不相同的，尤其是对于隐藏在显性教材内容背后的多样化的教育内容加以分析和挖掘，对教师来说更是极具创造性的工作。教师需要认真研究教材，深刻地理解教材内容，全面把握和分析科学知识的多重价值，在教学中育人。

4. 教学思想的凝练：转知成智，化智成德

专家讲座、异地教育学习，冲击着我的思想，我反复思考近三年的教学思想关键词提炼，反复斟酌自己的教学历程，发现它们都有相同之处：过程、领悟和育人，渐渐地形成一条较为清晰的线索——从关注"知识的教授"转为关注"能力的培养"。思维能力是各种能力的核心，因此我的教学策略也发生了变化，从关注教材、关注教法到关注学生、关注学法，即从"教师出彩地教"转向了"学生精彩地学"，初步形成了"转知成智"的教学思想。

我于2010年参加了广东省骨干教师培训，于2012—2016年参加了广东省新一轮百千万高中理科名教师培养对象的培训。培训使我开阔了视野，提升了教研能力和理论水平，特别是台湾研修之行，台湾全人教育的理念感染了我。由于对教材的深入研究和专家讲座激发的灵感，我的教学思想又发生了变化，从培养能力到发展核心素养，克服学科知识本位与教学中的短视，真正为学生的终身发展服务。

只关注"育智"不能达到"立德树人"这一根本目标。育人是根本，我们要在教与学的实践中结合人类化学史与化学科学发展的趋势，引导学生学习化学原理和方法，形成化学观念，同时结合学生已有的经验和将要经历的社会生活实际，引导学生关注人类面临的与化学有关的社会问题，培养学生的社会责任感、参与意识和决策能力，进而形成教学思想："转知成智，化智成德。"

四、教学思想的含义

教育的本质是为人的终身发展服务，使学生学会自学，学会自我教育。"知"指知识。智，由日、知组成，意思是，每日求知为智；慧，由心、丰组合，意思是，心灵丰满为慧。"智"也是对事物能迅速、灵活、正确地理解和解决的能力。智慧是一种高级创造思维能力，包含对自然与人文感知、记忆、理解、分析、判断、升华等所有能力，其核心是思维能力。"德"指品德。教师要以知识的获得为载体，培养学生的高阶思维能力，进而使学生形成高尚的品德和正确的价值观。

五、教学思想的践行

"转知成智，化智成德"的核心是发展学生的核心素养和使学生形成正确的价值观，一方面彰显学科教学的育人价值，使之为人的终身发展服务，"教学"升华为"教育"。另一方面，发展学生的核心素养和使学生形成正确的价值观依赖各个学科独特育人功能的发挥、学科本质魅力的发掘，只有乘上富有活力的学科教学之筏，才能顺利抵达育德的彼岸。

1. 从"教"转向"会学与立德"，变"教师命题"为"师生命题"，从"学会"转向"会学"

如何达成教书育人的目标？须不断地研、思、行。苦于所任教的班级学风与成绩比别的班差，苦于普通薄弱学校的学生没有良好的学习习惯，学习能力差。差则思变，我在苦思冥想中突然产生灵感：改变学生的学习方式，让学生命制试题，以此提高学生的学习积极性和学习能力。2005—2010 年，我在命题检测上进行了探索，尝试变"教师命题"为"师生共同命题"。师生共同命制单元测验题和中段考试试题，把学生自己命制的试题择优用于测验卷中，给学生一种"我很棒"的强烈心理暗示，让学生深深感到自己的价值和能力，这比老师的鼓励和赞扬作用大得多。这种改革大大地激发了学生学习化学的兴趣，逐步提高了学生的学习能力和思维能力，达到"转知成智"。

2. 从"研"转向"会学与立德"，变"教学"为"教科研"，从"独行"转为"众行"

在学中教、教中学，以课题研究为抓手来达成"化智成德"。我主持的省市级课题有 5 个，已经全部结题，参与了 5 个省市级的课题研究。其中"化学教学中学生潜能开发的研究"是广东省教育科研"十二五"规划 2012 年度研究项目。此项目是开发学生潜能的研究，以化学教学中两大重要模块实验和概念教学为载体，挖掘学生的潜能，与教学思想相吻合。本课题由个人的教学研究转向带领团队进行教学研究。

化学知识中隐含学科思想、学科观点和学科方法，教师要善于挖掘和领会其中的意图。将蕴含育人价值的知识设计为深刻思维的系列问题引导学生思考，以发展学生的核心素养，如图 1 – 2 – 1 所示。

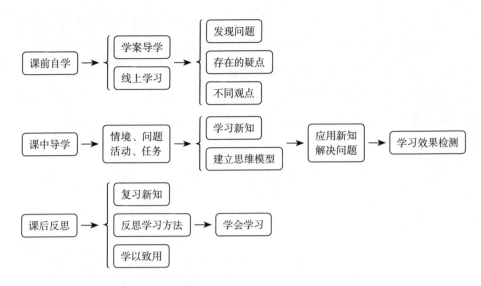

图 1 - 2 - 1 形成学科思想、方法和发展素养的教学模式

3. 创设情境，培养高阶思维能力

设立素养目标，素养目标任务化，任务活动化、问题化，问题情境化，通过"四化"，培养学生高阶思维能力。

教学案例： 化学科学探究。在盛有 2mlFeCl$_3$ 溶液的试管中，加入少量铁粉，振荡试管。充分反应后，滴入几滴 KSCN 溶液，观察并记录实验现象。把上层清液倒入另一支试管，再加入几滴氯水，又发生了什么变化？设计以下问题：

（1）在盛有 2mlFeCl$_3$ 溶液的试管中，加入少量铁粉，振荡试管，这一过程中哪种物质是过量的？

问题一提出几乎全班同学都很有自信地大声回答：铁粉，因为铁粉是少量的。

此时对学生的回答不作评价，稍稍停顿，继续追问：

（2）"加入少量铁粉"这一实验步骤的目的是什么？

（3）为什么氯水只加几滴？

此时有同学醒悟了，加入铁粉是为了还原 FeCl$_3$，再滴入几滴 KSCN 溶液是为了检验 FeCl$_3$ 溶液是否被还原了，如果只将部分的 Fe^{3+} 还原为 Fe^{2+}，用 KSCN 溶液就无法检验生成的 FeCl$_2$ 了（此时 FeCl$_3$ 溶液与 FeCl$_2$ 溶液共存）。

表面看来这是用氧化还原反应的理论学习 Fe^{3+} 与 Fe^{2+} 相互转化的知识，实际上这一科学探究隐含着"实验目的决定实验原理，实验原理决定实验药品及其用量"的学科思维方法。生本对话无法体现教材知识的认识价值，通过系列问题的设置，能够让学生明白其中的原理，通过具体知识的学习所形成的科学观念才是最有利于学生发展的生长点。具体培养核心素养的课堂教学体系如图1-2-2所示。

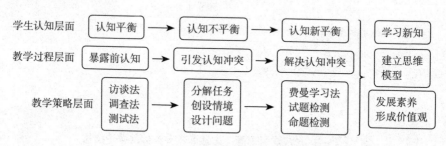

图1-2-2 培养核心素养的课堂教学体系

4. 以知识为载体，发展学生的核心素养

教学片段：以概念"盐类的水解"为例

活动探究1：分析盐溶液的酸碱性——不平衡（引发认知冲突）

A组：CH_3COONa 溶液、NH_4Cl 溶液、$NaCl$ 溶液。

B组：Na_2CO_3 溶液、$NaHCO_3$ 溶液、$(NH_4)_2SO_4$ 溶液、Na_2SO_4 溶液。

请学生测定以上两组盐溶液的酸碱性，并将实验结果填入选修4P54的表格。

思考1：什么原因导致盐溶液不全是中性而可能呈现酸性、碱性？

设计意图：在分组实验中促使学生积极交往，有效互动；同时以实验培养学生实践能力，使学生能够运用已有知识有效解决实际问题并培养创新素养。

活动探究2：盐溶液呈酸碱性的原因——不平衡（解决认知冲突）

以 CH_3COONa 为例分析其水溶液显碱性的原因。

（1）溶液中存在哪些物质的电离过程？

（2）电离出的离子会发生哪些反应？

（3）离子发生反应时对水的电离平衡有何影响？

（4）最终会引起溶液中的 $c(H^+)$ 和 $c(OH^-)$ 如何变化？

思考 2：盐溶液呈现酸性、碱性或中性，这一现象称为盐类的水解，据此，请同学们用自己的语言说说盐类水解的定义。（建构科学概念）

思考 3：哪些类型的盐可发生水解？（新概念应用）

思考 4：结合盐类水解的概念分析盐类水解的实质。（新概念应用）

设计意图：通过设计的系列问题，使学生培养问题意识并做出合理的分析与判断，用自己的语言说出盐类水解的定义，培养语言表达能力，鼓励学生勇于表达。提升学生文化修养的语言与沟通素养。

我们要深刻地认识到教材是学生获得价值体验和进行意义建构的一种课程资源，充分领悟到知识所蕴含的丰富教育价值，重视学科教学的育人价值并在课堂中体现出来。其方法是：创设学生主动参与、积极思考的学习情境，设置驱动性问题，让学生实施探究或研讨。科学知识的情意价值能对学生的情感、意志、态度和价值观等方面产生积极的影响。挖掘知识的情意价值使学生感悟与内省，以达到"转知成智，化智成德"的目标。

5. 挖掘教材知识，实施"两生"教育

教育是"心灵感动心灵，生命影响生命"的生命活动，以化学知识为载体可以实施生活教育和生命教育。教师要以"尊重生命、激发潜能"的教育观，培养学生自我实现及学习的能力。教育不是"工业"，教育是"农业"，教育必须尊重学生个别差异，促使学生适性发展。

化学教材的育人素材丰富，如通过化学知识与丰富的环境类的图片与学生无声的对话，唤醒学生对大自然的热爱和对大自然的友好，使学生自觉保护环境，形成生态文明理念，节约资源。这是社会参与领域中的社会责任素养的表现。

认识食物的营养成分、食品添加剂及其对人体的作用，能使学生自觉养成健康的生活方式、行为习惯与生活模式，促进学生身心健康与全面发展。这是社会参与领域中的公民道德素养的表现。

六、践行教学思想的教学范式

我经多年的教学实践和课题研究，反复研究修改完善，形成了践行教学思想的教学范式，如图 1 - 2 - 3 所示。

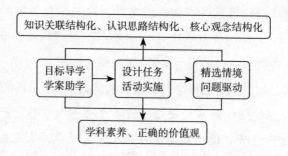

图1-2-3 "三个结构化"的教学范式

先制定适切的素养目标，通过"四化"达成教学目标，即目标任务化、任务活动化、活动情境化、活动问题化，以学案助学，帮助学生建构知识、方法和观念，并在此过程中发展学科素养和形成正确的价值观。这一范式在市第十九批基础教育科研立项课题研究成果中得以完善，应用在市公开课的课例和论文中。我也以"四化"法指导老师参加省市级教学能力比赛，取得了广东省高中综合实践学科的第一名；2021年，以"四化"法指导刘老师参加广东省中小学实验教学说课比赛，获高中化学组一等奖；2021年，以此法指导市一中的谢老师参加第三届广东省青年教师教学能力大赛，并获普通高中教育组化学学科二等奖；2022年，清远市第三中学九位老师参加市教师教学基本功比赛，七人获得一等奖，两人获得二等奖；2023年，清远市第三中学八位老师参加市教师教学基本功比赛，六人获得一等奖，两人获得二等奖。

七、教学追求

我的教学思想旨在培养学生的智与德。"育智"的核心是培养学生的思维能力。

我自发形成了教学思想，课堂教学更加注重活动和学生的学习体验、动手实践、思维能力及创新意识的培养，引领本工作室学员、课题组成员、同事和同行领悟教书育人的真谛，不断地探索"转知成智，化智成德"的策略，从知识到能力再到素养对学生进行培养。在今后的教育之路中，我将持续践行"转知成智，化智成德"。中学的学科知识是有限的，我们要借助这些知识的学习，使学生形成终身有用的思想、观点、方法和价值观，真正实现"教天地人事，育生命自觉"。

教育本身意味着一棵树摇动另一棵树，一朵云推动另一朵云，一个灵魂唤醒另一个灵魂。我和我团队的老师们愿意做一棵树，愿意做一朵云，去追求教育之梦，回归教育的本源：为学生的发展而努力。

参考文献

［1］中华人民共和国教育部 . 国家中长期教育改革和发展规划纲要（2010—2020 年）［EB/OL］. （2010 - 07 - 29）［2010 - 08 - 29］. http：//www. moe. gov. cn/srcsite/ A01/ s7048/ 201007/ t20100729_ 171904. html.

［2］中华人民共和国教育部 . 普通高中化学课程标准（实验）［M］. 北京：人民教育出版社，2003.

第二章

形成教学思想的
前期实践与研究

第一节　新课程下化学习题教学的思考与探究

我国在 2006 年实施课程改革，颁布了课程标准，提出了三维目标，同时清远市第三中学因扩招，生源素质下降。为了提高清远市第三中学学生学习兴趣和学习积极性，清远市第三中学实施了习题教学改革，我和老师们一起实践，将实践成果提炼成论文，如下。

高中化学教学中的习题教学，不但是学生掌握知识、发展智力的重要手段，也是沟通知识与创新的桥梁。随着新课程改革中课程功能的转变，化学习题训练的教学目标、维度、功能也发生着根本性的转变。化学习题训练不只是为了检查学生知识技能的掌握情况，更为关注学生掌握知识、技能的过程与方法，以及情感态度与价值观的形成。然而，新教材课后习题量较少，学生学完新内容后难以得到必要的巩固和训练，真正符合新课标理念和要求的教辅资料还比较少。因此教师必须变革化学习题的设计思想、命题模式与方法，对其类型和内容进行重新设计，使化学习题训练真正起到促进学生发展的作用。

如何针对习题的变化来改进和优化我们的习题教学呢？

一、领会课程目标中习题教学目标的变化

首先，要由只关注认知知识方面的练习转为关注过程方法的训练，还要有体现情感态度价值观方面的训练。习题教学要以科学探究为主线，突出创新精神和实践能力，从知识与技能、过程与方法、情感态度与价值观三维目标的角度，全面提高学生的科学素养。知识与技能的学习是训练学生掌握科

学过程和方法、培养学生情感态度价值观的载体和途径，而在教学过程中根据所设计的问题或试题让学生主动体验和掌握科学探究的过程和方法，渗透情感态度与价值观的教育，将有助于学生主动、高效地学习知识和技能。

1. 根据实际情况对旧题做适当的变形

教师可以根据实际情况改选择题为简答题，改简答题为开放式问题，改变题目呈现的情境，改变问题的呈现形式。通过这类问题的练习、教学，帮助学生掌握科学探究的过程和方法，培养学生的情感态度与价值观。

例如：用胶头滴管将新制的饱和氯水逐滴滴入含有酚酞的 NaOH 稀溶液中，发现红色消失，红色消失的原因是＿＿＿＿＿＿＿＿＿＿＿＿＿＿。

这样的问题在教学中经常碰到，填空题的答案是确定的、唯一的。教师给学生讲解如何分析题意、如何思考、如何较快找出答案时，若为选择题，可用直接思考法、排除法，甚至猜的办法。这明显不符合新课改的要求。可以把这道题变为：

用胶头滴管将新制的饱和氯水逐滴滴入含有酚酞的 NaOH 稀溶液中，发现红色消失，红色消失的原因可能是什么？

假设一：＿＿＿＿＿＿＿＿＿＿＿＿＿＿＿＿＿＿＿＿＿＿。

假设二：＿＿＿＿＿＿＿＿＿＿＿＿＿＿＿＿＿＿＿＿＿＿。

假设三：＿＿＿＿＿＿＿＿＿＿＿＿＿＿＿＿＿＿＿＿＿＿。

假设四：＿＿＿＿＿＿＿＿＿＿＿＿＿＿＿＿＿＿＿＿＿＿。

（1）请你根据上述现象提出自己的看法，至少要写出两种假设。

（2）请你设计实验方案证明你的假设。要求写出主要实验步骤。

化学习题中有很多这样的教学内容，教师可以把答案确定的、设问单一的习题设计为开放的、可探究的内容。又如，将二氧化硫通到显红色的滴有酚酞的 NaOH 溶液中，发现红色消失，红色消失的原因可能是什么？这道题也可用上述的方式进行设计。

2. 关注科学前沿的素材，潜心积累

在化学习题中把来自科学研究的最新技术、社会的热点事例作为知识的背景，与学科知识一起呈现出来，能使学生关心发生在国内外的新事物、新科技，有利于激发学生的学习兴趣，也可以激活学生所学的知识，使学生觉得所学的知识是鲜活、生动的。而这些素材常常来自最新的报纸、杂志。这就要求教师要做这方面的有心人，注意积累，然后编制习题对学生进行训练。

3. 关注日常生活的素材，精选精练

学生在解题的过程中会感受到化学与生活密切相连，能利用学到的知识解决生活中的一些问题。而这些知识出现在一定的生活情景中容易引起学生浓厚的兴趣和强烈的探索欲望。这样的情景比起单纯的记忆某些物质的性质，更有现实性、启发性。

4. 关注高考题中的素材，发挥其导向作用

高考试题命题的依据是课程标准，它对教学有很好的导向作用。适当选择有关的试题作为素材，把高考试题稍做修改就可以得到很好的习题。

二、关注习题维度上的变化

新课程中的习题形式，由原来的单纯的训练性的习题，到现在增加了一些动手实践的习题，如"通过报纸、杂志、书籍或互联网等，查阅……讨论并交流……""做资料卡片""写一篇小论文""写调查报告""组织辩论会""制作海报""家庭小实验"，还增加了一些概括整合的习题，这就要求教师必须注重新课程中习题功能的多样性和习题类型的多样性。

1. 通过教材的实践探究习题发展学生的综合能力

教材中的习题从功能上可分为三大类型：基础型、开放型、实践探究型。在关注基础的同时，应适当提高开放型、实践探究型习题的比例。例如：《普通高中课程标准实验教科书化学（必修2）》（以下简称《必修2》）P35 第 8 题、P78 第 6 题等，学生需要深入调查，广泛查阅资料，并对资料进行整理、分析、归纳和总结，提取有用信息，最后写成调查报告或辩论稿。对于这类型的学生作业，我每次都认真审阅并加上评语，把优秀的作业让学生在班上宣读或在班上的学习园地中展览或进行评比。由此可有效地培养学生的自主学习能力，以及严密、准确地观察、分析化学事实的能力，并提高学生的语言表达能力。

2. 通过教材的开放性试题发展学生的思维能力

开放性试题由于解题方法和策略的不确定性以及解题思维的发散性，可使不同层次的认知水平的学生提出合理的解题方案，更有利于全面评价学生。由于开放性试题包括内容、解决问题过程、解决方法、试题结果的开放等开放形式，因此答案不一定是唯一的，只要学生紧扣主题，言之有理就可以了。如果学生的答案是有创意的就在课堂上与全班同学分享或在班上的学习园地中展览。如《必修2》P50第6、第7题，P97第6题等，每个学生都可以充分发挥各自的优势、特长和潜力，从不同的角度找到合理的答案，从而发展思维能力。

三、习题承载一些教学功能的变化

新课程的各个模块的课时特别是必修课程课时实际上比原来要少，但是除了一些知识的难度降低之外，其对能力、方法、情感态度价值观的培养要求其实并没有降低，反而比原来更高了。所以习题要承载一些教学功能，就是说习题教学不再只有单纯的训练、巩固、复习的功能了，一些习题还是对课堂教学的一种适当的延伸或者一定的拓展。

1. 利用习题教学强化学生一些规范的训练

由于课时的减少，解题形式的训练就不适合放在课堂教学里去处理了，而应编到习题里。比如，学完化学键的知识，为规范化学用语——电子式的书写，教师可布置不同类型的微粒的电子式的书写等作业。

2. 精选一些特别有价值的解题方法，以习题的方式呈现

有些解题方法在课堂上没有办法也没时间去训练，但是可以在习题当中引导给学生练习，从而让学生掌握。

例如，在学生学完原子结构的有关知识后，布置相应的作业题：写出常见的 10 电子微粒及 18 电子微粒，并总结解题方法。下节课简单点评解题思路与方法。以 10 电子的 Ne 为基准，原子序数每小 1 就增加 1 个 H。还可写出电子数超过 10 的金属离子、非金属形成的阴离子及分子，在水分子、氨分子的基础上多加 1 个 H 再失 1 个电子也是 10 电子微粒，就写出 H_3O^+、NH_4^+，同样的道理，以 18 电子的 Ar 为基准，方法类似。例如，化学常用的解题方法，守恒法、差量法、极端分析法、最简式法等，都可以通过习题让学生自学或相互讨论来练习并在下一节课点评，从而使学生掌握常规的解题方法。

3. 利用习题形式的不同，把预习的功能整合进来

习题的使用其实也可以有不同的形式，不是说习题就一定在课后才能够发挥其功能，我们可以更换一些作业题，把预习的功能整合进来。例如，学习元素周期表这一内容前，课前设置一些基础的习题。

1. 元素周期表有_____个周期，分为哪几个周期？每个周期分别有几种元素？

2. 元素周期表有_____个纵行，有_____个族，分为哪几个族？如何表示？

3. 试着说出元素 F、Mg 在元素周期表中的位置。

……

这样就把预习的功能整合进来。长期这样训练可以培养学生的自学能力，培养学生终身学习的能力。

有些观察类的探究性学习活动和一些实验类探究性学习活动，虽在课堂组织教学，但需在课前准备或完成前期工作，为此教师必须在前一节课结束时就预先布置学生准备任务。例如，《普通高中课程标准实验教科书化学（必修 1）》（以下简称《必修 1》）P58 的科学探究——"铝盐和铁盐的净水作用"实践活动，可提前安排学生在课前做好井水、河水、池塘水或雨水的取样工作，并查阅"水的净化"方法和工艺流程，以便在课堂上实验、交流、讨论。

四、变只由教师精选习题为师生共同选题进行练习、检测

2006—2007 学年，我在高一探索了学生主动参与出题，师生共同选择各章节的习题作为作业与测验题来检测学生的学习情况的方法。通过学生的思考与精选再加上教师的筛选及改编来选择作业题、练习题和检测题，不但使学生学会学习，而且促进学生发展。具体的实施方法如下：

（1）先制定学习要求和评分标准及出题要求（面向全班公布）。

（2）写出本节或本章你认为重要内容，对每一个内容形成自己学习的知识体系。

（3）在每一重点内容后面，自选题目并自行解答（至少 8 题）。

（4）写出本章你认为最难学习的内容，并提出解决办法及找出相应的习题并自行练习，如果还需要老师或同学帮助的，请说明。

（5）设计本章的测验题，题数、题型不限。

设计习题时要求学生写出该题考查的知识点、选择该题的原因、该题的解题方法与出处。我在学生提供的习题中加以选择再进行补充，使其成为一份作业题或检测试题，并在检测试题中注明出题学生的姓名与班别。恰当地运用形式多样的题型可以多样化地呈现知识、人性化的语言，如"要处理好事情，先处理好心情！要想期中考试考得好，先要让心情变得好！做题前先调节好心态，那就是：我相信我能成功！""本题属定量实验的考查。问题多属记忆性知识的考查。请你答题时注意细化处理，回忆操作过程，准确作答"等。这样不但可以较好地美化整份试卷，而且使学生心情愉快地做答，既注重了学生的学习状态和情感体验，也注重了教学过程中学生主体地位的体现。

案例：清城中学高一化学（必修1）期中考试试题（节选）

（2006—2007 学年上学期）

温馨提示：

1. 答卷前，考生务必将自己的姓名、班别、考生号填在答题卡上。

2. 所有答案必须填在答题卡上，请用黑色字迹的钢笔或签字笔或啫喱笔作答，答案必须写在答题卡各题目指定区域内相应位置上。

3. 考试时间：100分钟。必答题总分100分，延伸拓展题20分。

可能用到的相对原子质量：

H：1 C：12 O：16 S：32 Mg：24 Al：27 Cl：35.5

要处理好事情，先处理好心情！要想中考考得好，先要让心情变得好！做题前先调节好心态，那就是：我相信我能成功！

第I卷 选择题（共40分）

一、选择题（每题只有一个选项符合题意，每小题2分，共40分）

1. 据中央电视台报道，近年来我国的一些沿江城市多次出现大雾天气，致使高速公路关闭，航班停飞，雾属于下列哪种分散系（ ）。

A. 乳浊液 B. 溶液 C. 胶体 D. 悬浊液

一（8）班向碧君

4. 氯化铁溶液和氢氧化铁胶体具有的共同性质是（　　　）。

A. 分散质粒子直径都在 1~100nm　　　B. 都能通过半透膜

C. 都能通过滤纸　　　　　　　　　　D. 都呈红褐色

一（8）班黄冬梅、一（7）班祝恩

13. 用等体积的 0.1mol/L 的 $BaCl_2$ 溶液，可使相同体积的 $Fe_2(SO_4)_3$、Na_2SO_4、$KAl(SO_4)_2$ 三种溶液中的 SO_4^{2-} 完全沉淀，则三种硫酸盐的物质的量浓度之比为（　　　）。

A. 3:2:3　　　B. 3:1:2　　　C. 2:6:3　　　D. 1:1:1

一（6）班钟志伟

我在 2006—2007 学年实施师生共同命题的教学方法。清远市第三中学在高一下学期就按专业分班，非专业班的学生学习化学的热情明显减弱了，学习的重心转移了。因此除了想方设法提高学生学习的兴趣与课堂效率外，我还有意识地把物理或生物班的学生出的试题用来考查化学专业班的学生，让学生看到自己出的题出现在检测题上，这就给学生一种强烈的心理暗示，让学生感觉到自己的价值和潜力，这比起老师的鼓励和赞扬作用大得多。这样一来激发了学生学习化学的兴趣，逐步提高了学生的学习能力。

2006—2007 学年第一学期我教高一（6）、（7）、（8）、（9）班，另一位老师教（4）、（5）班，还有 3 个是音乐美术特长班。以下是各班的化学成绩对比。（表 2-1-1）

表 2-1-1　第一学期第一次测验成绩

班级	高一（4）班	高一（5）班	高一（6）班	高一（7）班	高一（8）班	高一（9）班
平均分/分	58.8	60.8	52.1	50.6	50.9	53.8

刚接班时，我教的 4 个班的化学平均分明显低于（4）、（5）班，平均分最大的差距是 10.2 分。（表 2-1-2）

表 2-1-2　第一学期期中考试成绩

班级	高一（4）班	高一（5）班	高一（6）班	高一（7）班	高一（8）班	高一（9）班
平均分/分	59.2	62.6	58.3	54.0	58.8	59.8

期中考试时，我教的 4 个班的化学平均分差距明显缩小，甚至高一（9）班的平均分名列第二，赶超了高一（4）班。（表 2 - 1 - 3）

表 2 - 1 - 3　第一学期期期末考试成绩

班级	高一 （4）班	高一 （5）班	高一 （6）班	高一 （7）班	高一 （8）班	高一 （9）班
平均分/分	56.0	57.1	52.1	53.1	58.9	58.1

期末考试时，我教的高一（8）、（9）班化学平均分分别列第一、第二位，高一（6）、（7）班与高一（4）、（5）班的化学平均分差距也缩小了。

通过习题教学的探索与实践，学生逐渐学会构建自己的知识体系，渴望看到自己编制的习题与自己整理的知识体系被认可与采用，这激发了学生在学习化学时积极主动地探索，培养了学生的合作精神与学习能力。教师在教学中不断地思考与探究，实现了专业成长。

参考文献

［1］人民教育出版社课程教材研究所化学课程教材研究开发中心．普通高中课程标准实验教科书化学（必修 1）［M］．2 版．北京：人民教育出版社，2003．

［2］人民教育出版社课程教材研究所化学课程教材研究开发中心．普通高中课程标准实验教科书化学（必修 2）［M］．2 版．北京：人民教育出版社，2006．

［3］中华人民共和国教育部．普通高中化学课程标准（实验）［M］．北京：人民教育出版社，2003．

［4］陈美蓉．二期课改背景下化学习题编制的思考与尝试［J］．化学教学，2006，（3）：32 - 35，48．

第二节　以探究性实验驱动学生的化学学习

我国高中化学课程标准提出，要引导学生通过实验探究活动来学习化学，因此教师在化学实验教学中要让学生在自我学习中发现问题、提出质疑，在自主性的实验探究过程中，合作、交流、表达，形成一个有利于人际沟通与合作的良好氛围，培养学生乐于合作、分享信息和成果的团队精神。因此，我们以探究性实验为载体，提高学生的科学素养及创新能力。

一、增加探究性实验趣味，激发学习兴趣

1. 变换实验名称，增加实验趣味性

这类实验多用于介绍知识，一般是为了介绍物质的性质，通过物质之间相互反应所产生的现象，使学生获得科学知识。例如：介绍普通的置换反应时，将实验名称由"铁与硫酸铜的反应"改为"红色警戒"；介绍过氧化氢的氧化性与还原性时，可将过氧化氢称为"双面侠"；将"镁在二氧化碳中燃烧"称为"镁镁真漂亮"；将硫酸铜的结晶水实验称为"热得流汗了"；等等。上述实验内容没有变化，仅仅是将实验名称稍微改改，却能为实验增添乐趣，从而激发学生的学习兴趣。

2. 替换实验材料，增加实验趣味性

有一个非常简单而有趣的实验——"烧不坏的手帕"，如果一时寻不来合适的手帕或者棉布，在实验室中通常用纱布代替。但是同样的实验，可改为"烧不坏的钞票"，相对于"手帕""棉布"，"钞票"显然更能引起学生的学习兴趣。再如，在学习化学反应速率的相关知识时，利用荧光棒这一学生感兴趣的物品来做实验材料，教学效果更好。

荧光棒——温度对反应速率的影响

实验用品：荧光棒、温度计、烧杯、冰水、热水。

实验步骤（由于本实验的某些步骤学生还不能自行设计，因此给出实验步骤）

1. 取 3 个 500ml 烧杯，分别加入 300ml 的冰水和热水于第一个和第三个烧杯中，第二个烧杯中不加水。

2. 取三支荧光棒并且轻轻地折断其内部的薄玻璃管，将其分别置于三个烧杯中约三分钟，观察三支荧光棒的发光强度。

3. 从冰水和热水的烧杯中同时取出荧光棒，放置在第二个烧杯中并且靠近第二支荧光棒。观察并比较三支荧光棒的发光强度。

注：若实验室内亮度太高，则放置在光线暗处以利于观察。

本实验在不影响甚至于优于原实验现象的前提下，通过实验材料的简单替换，达到提高学生学习兴趣的目的。

3. 与生活结合，增加实验趣味性

通过化学实验与生活实践相结合的方式，能使学生认识到化学知识与生活的密切联系，有助于学生形成良好的科学素养。例如："铁铮铮的食物——再现食品中的铁元素"，以生活中的补铁食品为原料，由学生设计实验方案检验食物中的铁元素，在设计与实验中培养了学生的思维能力及动手能力，进而引导学生延伸到补锌食品、补钙食品等的检验上。又如：对于胃药的说明书中"中和胃酸、消除胃痛"的原理等，学生都可以自行设计方案与实验。这些实验就是使实验内容生活化，使学生认识到隐藏在生活背后的化学知识，促使学生深刻地思考生活中的化学现象，主动发现生活中的化学问题，也可以增强学生的社会责任感，提高学生参与社会事物的能力。

二、优化实验情景，诱发探究动机

在新教材化学教学中，教师若能紧密结合新教材化学教学内容，提出一些学生欲答又答不上而又迫切想了解的、与生产生活实际密切关联的化学问题，积极创设开放的教学情境，将会诱发学生的探究动机，从而调动学生积极地参与实验探究。

1. 抓住实验中出现的"异常"现象，激发学生提出问题

实施化学实验探究性教学，教师首先要培养学生的问题意识，让学生带着问题进入学习，唤起学生的学习热情，调动学生的积极性和主动性。因此，在教学过程中，教师要为学生创设一个适当的问题情境，引起学生产生问题意识，唤起学生的探究欲望，使学生能以极大的兴趣和热情带着问题去读、去想、去听、去做，投入到问题解决之中。抓住实验中出现的"异常"注意，就能很好地激发学生提出问题。例如，用加热过氧化氢溶液的方法制取氧气的实验，按课标要求让学生将装有 5% 过氧化氢溶液的试管加热，当学生把带火星的木条放在试管口时，只发现火星闪亮但没复燃，学生反复实验了两三次，结果还是一样。学生立即提出：为什么会产生这种现象？是实验操作不当引起的，还是实验药品用量不当引起的？学生讨论交流。我归纳学生的回答发现主要有下列几种可能：①生成的氧气不够多；②生成氧气含量较低；③加热时有水蒸气产生使木条难以燃烧；④过氧化氢的浓度不够高；等。于是有学生提出改进意见，将 5% 过氧化氢溶液改成 15% 过氧化氢溶液，并在试管口加装一个干燥管后，加热试管 1～2min 再在上方放入带火星的木条，这样木条就能复燃。实验失败并不是坏事，有时反而能激发学生提出新问题，作出假设，再设计方案解决问题，有利于培养学生的创新能力。

2. 创设问题情境，激发学生提出问题

在课堂上，教师要善于创设丰富的探究性实验的情境，营造和谐的、宽容的课堂气氛，教师要与学生分享自己的感情和设想，和学生一起寻找真理，并采取各种适当的方式，激励和肯定学生的设想，使他们的思维更加活跃，探索热情更加高涨。

例如，在学习盐类水解时，可让学生思考：当什么被蜜蜂蜇后，可在被蜜蜂蜇处涂抹纯碱、小苏打或肥皂水（主要成分为硬脂酸钠）溶液呢？纯碱、小苏打或肥皂水又属于哪类物质？

提出探究问题：盐类的水溶液呈怎样的酸碱性呢？

学生用指示剂检验出 Na_2CO_3、$NaHCO_3$、NH_4Cl、$NaCl$、CH_3COONa、$AlCl_3$ 水溶液的酸碱性，并得出盐类的水溶液的酸碱性与盐类的组成的关系。

学生会进一步提出问题：为什么 Na_2CO_3 的水溶液呈碱性？

过渡：物质世界变化万千，人们对物质世界的认识过程总是遵循从简单到复杂、从宏观到微观、从表面到实质的规律。

学生交流与讨论：Na_2CO_3溶液呈碱性的原因是什么呢？

推测：

1. 水能电离出OH^-，使溶液显碱性。

2. 碳酸钠本身具有碱性。

3. 碳酸钠与水反应的生成物具有碱性。

为证明以上三个推测，让学生设计以下对比实验进行探究，评价实验方案，小组间相互补充、完善。

对比实验：

实验1：H_2O与酚酞。

实验2：Na_2CO_3水溶液与酚酞。

实验3：Na_2CO_3的乙醇溶液与酚酞。

实验4：实验3的混合液与水。

交流与讨论：从微观角度看，Na_2CO_3溶液呈碱性的原因是什么呢？

创设问题情境的关键是让学生感受问题的存在，并进入探究问题的思考状态，这样才有利于学生创造性思维的发展。

三、重视探究过程，感悟创新苦与乐

重视实验探究过程，感受探索过程的艰辛与乐趣，让学生产生由衷的成就感和化学审美乐趣。中学生在探究性学习过程中实际上仅仅是要像科学家从事科学研究那样来进行学习，其本质是对科学研究的模仿或模拟，是"像"而不是"就是"科学研究活动。我们要真正让学生感受、理解知识产生和发展的过程，让学生在活动中求发展，在自主探索中求创造，从而培养学生收集和处理信息的能力、自主获取新知识的能力、分析问题和解决问题的能力以及团结协作和社会活动能力。

实验探究性学习的目的，不只在于结果。能得出一个颇有价值的研究结论固然很好，但对于学生而言，更重要的是在"探究性实验"的过程中开阔眼界、拓展思路、关注现实、发展个性、培养能力。重视"过程"的亲历和体会，让学生在探索研究的过程中体验创造的艰苦和成功的欢乐，这本身就是一种收获。无论问题探究的结果怎样，过程本身就已经使学生收获颇丰。

四、指导学生选择实验小课题，鼓励学生超越创新

在学生的研究性课题探究活动与实验中，最能体现学生的个性差异和个体活动能力的层次。教师要尊重每一个学生的个性和人格。对于学生在探究活动中所选择的方法和途径，教师要给予充分的肯定。教师要注重发展学生的个性，鼓励学生大胆创新，要留给学生广泛的思维空间，不要强求学生完全按照教材、资料或教师预定的实验方案进行探究和学习，要放手让学生自己选题、自行设计、自主研究、自由创造，用他们自己的语言、自己的理解、自己的感悟，从自己的思维角度去考虑问题。例如，在学习苯的性质时，教材中有一个实验：在试管中加入少量苯，再加入酸性高锰酸钾溶液，振荡后，观察现象。在实验中意外地发现苯竟能使酸性高锰酸钾溶液褪色，于是鼓励学生以酸性高锰酸钾溶液氧化甲苯为课题进行探究。课后学生查资料得知：甲苯的化学性质较活泼，能被酸性高锰酸钾溶液氧化，使酸性高锰酸钾溶液褪色，而苯不能。于是引导学生分析产生异常现象的原因，学生设计了实验方案进行探究，并整理探究结果和结论。

1. 实验步骤

（略）

2. 不同条件对实验的影响

不同条件对实验的影响见表 2 - 2 - 1 至表 2 - 2 - 3。

表 2 - 2 - 1　酸化高锰酸钾溶液时硫酸浓度对实验的影响

硫酸的浓度	苯中现象	甲苯中现象
1：1	褪色	褪色
1：2	褪色	褪色
1：4	浅紫色	褪色
1：5	紫色	褪色
1：8	紫色	褪色

表 2 - 2 - 2　1∶5 的硫酸对高锰酸钾溶液实验前酸化和实验后酸化对实验的影响

试剂	苯中现象	甲苯中现象
实验前酸化	紫色	褪色
实验后酸化	褪色	褪色

表 2 - 2 - 3　1∶5 的硫酸酸化高锰酸钾溶液，加热时间对实验的影响

加热时间	30s	1min	2min	5min
苯中现象	紫色	紫色	浅紫色	褪色
甲苯中现象	浅紫色	褪色	褪色	褪色

学生通过对比探究实验得出了结论。

让学生在独立设计的研究探索中尝试失败，能够使他们感受科学道路的艰辛，并从失败中总结教训、调整方法，最终取得成功。

五、制订合理的评价方案，利于学生的主动发展

评价方案是影响学生探究热情的重要因素。教师要在实验的过程中评价学生，切记不能"只以成败论优劣"，要设法让学生在探究过程中更多地得到教师的鼓励，而非否定。由于评价的内容和方式对学生的学习具有很强的导向作用，因此探究性实验学习的教学评价的内容应包括知识、能力和情感态度与价值观等方面。在教学中，我们根据新课标的理念设计了实验探究活动记录表，见表 2 - 2 - 4。

表 2 - 2 - 4　实验探究活动记录表

组员姓名_____　日期_____
主题_____

方案设计	药品： 仪器与用品： 操作步骤： 现象与结论：
活动过程记录和分析	实验是否成功： 实验现象：

活动过程记录和分析	原理分析：	
	实验过程中出现的问题及原因分析：	
	实验方案的修正：	
反思与评价	我们认为我们小组表现：	
	在活动中我们表现最出色的地方是：	
	在活动中我们表现令人不满的地方是：	
	在活动中我们遇到的主要挑战：	
	个人的主要职责与重要贡献：	
	我们的感受与收获：	
问题与思考	实验后想到的：	
	继续努力的方向：	
评价指标	小组评分	教师评分
实验设计合理，实验成功与否（30 分）		
分工合理、全员参与度（15 分）		
倾听、分享、交流、对行为负责程度（20 分）		
创新性程度（15 分）		
反思与自我评价（20 分）		
合计		
总分（小组评分 ×50% + 教师评分 ×50%）		
教师评语：		

对学生评价贯穿于学习过程的始终，教师要多角度地去评价学生，定量评价和定性评价相结合，同时鼓励学生自评和互评。在评价时多用鼓励性的语言，以激发和维持学生的探究热情。

从实践的结果分析，对学生探究性实验学习的评价，有利于学生的主动发展，有利于激励学生积极主动地参与和自我的反思，有利于强化学生的探究热情。

引导学生通过实验探究活动来学习化学，可激发学生的学习兴趣，培养学生的问题意识和勇于探究的精神，提高学生的科学素养及创新能力。

参考文献

［1］人民教育出版社课程教材研究所化学课程教材研究开发中心．普通高中课程标准实验教科书化学反应原理（选修4）［M］．北京：人民教育出版社，2007．

［2］人民教育出版社课程教材研究所化学课程教材研究开发中心．普通高中课程标准实验教科书化学（必修2）［M］．北京：人民教育出版社，2007．

［3］广东省教育厅教研室．普通高中新课程评价指导［M］．北京：高等教育出版社，2005．

［4］王苹．重视实验教学　促进学生化学学习［J］．化学教学，2008（6）：40 - 42．

第三节 化学必修模块教材资源的有效应用

人教版的普通高中课程标准实验教科书——《必修1》《必修2》中设置了功能各异的栏目和丰富精美的图片。不同的栏目发挥着其特有的功能，提高了教材对学生的吸引力，增强了学生学习化学的兴趣。教材在内容呈现方式上充分考虑教学活动的各种影响因素，有利于教师组织教学，为教师依据教材创造性地进行教学提供了广阔的空间，充分体现了教材的选择性，以适应学生的个体差异和学生个性发展的需要。设置丰富的栏目，为处理基本要求内容和拓展性内容在教材中的关系提供了空间，有利于教师的教学设计和学生的学习选择。

教材的每一章节都附有"情景图片""思考与交流""科学探究"等内容丰富、形式新颖的教学资源。教师在教学过程中最大限度地挖掘必修教材中的各种教学资源的潜在功能，能激发学生的主动性和创新意识，促使学生积极主动地学习，使获得化学知识和技能的过程成为理解化学、进行科学探究、联系社会生活实际和形成科学价值观的过程。我在具体的教学过程中，应用必修模块教材资源，从挖掘、拓展教学资源的内涵，到落实知识与能力、过程与方法、情感态度与价值观三维目标，进行了实践与探索并取得一定的成效。

一、知识与能力

1. 创设学习情境，激发学习兴趣与求知欲

兴趣是一种积极的情绪表现。满意的或愉快的刺激有助于学习。教学中使用插图创设教学的最佳情境，有助于唤起学生强烈的求知欲，把学生的兴

趣迁移到知识的理解、掌握上，引导学生主动建构知识。

　　例如，在《必修 1》教材 P46 第三章第一节"金属的化学性质"开始就给学生展示有关金属化学性质的一些实验。通过阅览"铝丝与硫酸铜溶液反应""镁条燃烧""铜丝与硝酸银溶液反应"和"镁条与稀盐酸反应"这四幅生动直观而具有感染力的彩色插图，能有效地刺激学生的视觉，可使学生内心产生愉快的情绪体验，获得化学美的享受，得到化学美的刺激，强化学习化学的兴趣，从而使学生产生跃跃欲试的情绪，并进一步促使学生学习化学的欲望变为学好化学的强大动力。在教师引导下，学生产生质疑：它们为什么会发生这些反应？这些反应的原理是什么？是不是所有的金属都能发生类似的化学反应？不同的金属具有哪些不同的化学性质呢？通过这些阶梯式的质疑，能引导学生进一步探究金属的化学性质。

2. 归纳知识要点，主动建构知识体系

　　在讲授《必修 2》第二章第三节"化学反应的速率和限度"第一课时内容的时候，根据教学目标和教材内容，结合 P43 关于外界条件对速率的影响的"思考与交流"，提供表 2-3-1 的实验条件，创设实验探究的问题情境，让学生主动建构知识体系；同时通过多媒体显示表 2-3-2，让学生回归到相关的知识要点上，取得较好的课堂教学效果。

表 2-3-1　实验条件

实验内容	试剂和用品
浓度的影响	5% 硫酸溶液、30% 硫酸溶液、锌粒
固体表面积的影响	碳酸钙粉末、块状石灰石、稀盐酸
反应物状态的影响	碳酸钠固体、碳酸钠溶液、稀盐酸

表 2-3-2　多媒体显示问题

外界条件	实验结论
反应物浓度	其他条件相同时，反应物浓度越大，反应速率越快
固体表面积	其他条件相同时，固体颗粒越小，表面积越大，反应速率越快
反应物状态	其他条件相同时，溶液中的反应，反应速率加快

3. 培养学生运用知识解决实际问题的能力

在讲授《必修2》第四章第一节第二课时"海水资源的开发利用"的时候，根据学生已有的氧化还原反应的知识基础，重组教材 P90"实验 4-2"和 P91"思考与交流"及 P91 的"资料卡片"三个内容，让学生先进行分组实验——"海带中碘元素的检测"，接着让学生就"如何从海水中提取溴"设计实验方案。把海洋化学资源的感性认识直接提供给学生，有利于学生将已有的知识和技能进行必要的梳理、归纳和拓展。让学生体会到化学就在身边，培养学生学以致用的能力，提高学生将所学的化学知识应用于分析、解决实际问题的能力。

二、过程与方法

教材不仅关注给学生提供多少知识，更重视过程与方法。借助"学与问""科学探究""思考与交流""实践活动"等栏目，让学生通过查阅资料、交流讨论、动手实验等实践活动，逐步产生问题意识、提高自主学习能力。在主动参与的科学探究活动中，学生将不断加深对科学探究意义的理解，逐步掌握科学探究的方法。

《必修1》P50 的"科学探究"：铁与水反应的设计实验。这是高一学生的第一个设计实验，他们没有实验设计的经验和思路，在教学中如何避免教师的"代设计"或者学生的"乱设计"呢？引导学生认真观察、分析 P50 中铁粉和水蒸气反应的插图，发挥这幅插图的示范性和科学性，利用其教学功能，设计以下问题能很好地达到这个实验的教学目的。

观察要点1：两种反应物的状态是怎样的？为什么？

观察要点2：水蒸气作为反应物，提供的途径是什么？

观察要点3：反应条件是什么？

观察要点4：采用哪种反应容器？有没有其他容器可替代？

观察要点5：如何检验产物？

由于带着思考对装置插图进行了细致的观察和认真的分析，学生认识到该插图中装置的优点和不足，也充分认识到设计整个实验必须考虑的各个环节，在动手进行设计时就能提出更完善的设计方案。

设计要点 1：湿棉花提供水蒸气的量有限，替代装置应如何选择？

设计要点 2：固态物质与气态物质相互反应的装置有哪些？

设计要点 3：反应物铁粉和生成物四氧化三铁都是黑色的，选择什么方法证明反应的发生？

设计要点 4：选择什么装置收集并验证生成物氢气？

设计要点 5：其他要考虑的因素有加热的顺序、氢气的验纯。

安排学生对 P50 铁粉和水蒸气反应这幅插图进行认真的观察和分析，充分挖掘了装置插图的内涵，发挥了插图的引导作用。在设计的过程中，激发了学生的兴趣和引导学生进行思考（包括实验步骤、观察细节、详细记录和设计总结各环节的思考），使学生认识了设计整个实验必须考虑哪几部分，各部分如何选择装置，等等，让学生最终通过插图的观察、实验的设计，画出自己设计的实验装置图和叙述实验步骤，此方法不但培养了学生的观察能力和动手能力，而且使学生逐步掌握科学探究的方法。

三、情感态度与价值观

新课程强调情感态度与价值观的教学新理念，而教科书中的这些插图恰恰是进行情感态度价值观教育的良好载体。教科书插图简明美观，景观形象逼真，内容丰富，趣味性、审美性强，蕴含着丰富实在的情感。在教学过程中，教师要充分利用教科书的这一优势，挖掘教科书插图中的情感因素，并通过一定的形式表露出来，引起学生的情感共鸣，使学生受到潜移默化的影响和熏陶。

生态破坏、环境污染是人类社会面临的严峻课题。《必修 1》P93 一幅"酸雨对森林的破坏"的图片让学生直面了酸雨的"无穷危害"，《必修 2》P101 "水华"等图片直视水体污染的后果，让学生带着思索去透视人类面临的其他一系列环境污染问题：温室效应、臭氧层破坏、光化学污染、水体污染、森林破坏、土壤退化和土地沙漠化、生物多样性遭破坏以及有毒有害化学品泛滥等现象。

通过对这些图片的透视，学生认识到化学不仅给人类带来丰富多彩的物质生活，还会由于人们不当的操作，破坏了人类赖以生存的环境，给与我们息息相关、共同相处的其他生物造成生存威胁,最终将给人类自己带来可怕的灾难。通过插图的意境深层次挖掘其所蕴藏的环境教育功能,能够激起学生的忧患意识,使学生在生活中加强环保意识,从环保的重要性、必要性出发,使学生增强对明天的化学——绿色化学研究的渴望。

教材中的教学资源给我们的教学增添了斑斓的色彩。在教学中,我们必须认真钻研教材,充分挖掘教材教学资源的潜在教学功能。实践证明,最大限度地使用教学资源,并合理运用各种媒体手段赋予教材中的图片以生命和活力,能帮助学生学习化学知识与培养技能,形成化学思维;用好教学资源,能更好地培养学生的观察能力和概括知识的能力,以及分析、解决问题的能力,有效地达成课程标准要求的三维目标。

参考文献

[1] 人民教育出版社课程教材研究所化学课程教材研究开发中心. 普通高中课程标准实验教科书化学(必修1)[M]. 北京:人民教育出版社,2007.

[2] 人民教育出版社课程教材研究所化学课程教材研究开发中心. 普通高中课程标准实验教科书化学(必修2)[M]. 北京:人民教育出版社,2007.

[3] 中华人民共和国教育部. 普通高中化学课程标准(实验)[M]. 北京:人民教育出版社,2003.

第四节　活用高中教材　促进学生发展

教师的任务不是"教教材"而是"用教材教"。"用教材教"指把教材作为师生开展教学活动、学生获得价值体验和进行意义建构的一种课程资源，使学生通过对教材内容的学习，在获得知识和技能的同时，在过程与方法、情感态度与价值观方面也得到全面和谐的发展。这种教学重视的是知识获得的过程，重视引导学生通过自主探究去获得知识的结论。课程改革的新理念和新教材功能的转变，要求教师要树立"资源意识"，以课程标准为依据，认真研究教材，创造性地开发和使用新教材，使教材真正成为一种动态的、生成性的课程资源。

一、领悟教材的编写意图

以新课程的视角来审视教材的知识编写、材料选择、情境创设、问题设计是否科学，编排是否合理，领悟其精髓要旨，善于挖掘那些隐含在教材之中容易忽视的隐性因素，使其由隐变显，凸现价值，闪耀光彩。

例如，对照实验这一学科方法的教学，有些教师在《必修1》的教学中就忽略了，其实《必修1》中就有两个对照实验了，分别是：第四章第一节"无机非金属材料的主角——硅"硅酸钠水玻璃的防火实验（P77 实验 4 - 2）、第四章第二节"富集在海水中的元素——氯"氯离子的检验（P85～86 实验 4 - 6）——自来水与蒸馏水的对照。教师在教学中要重视科学过程和学科方法的教学，如科学探究法、控制变量法、定量分析法、间接观察法、数据图形结合法、对照实验（空白实验）等。这些方法的学习都是与科学探究活动的开展、科学知识的获得紧密结合在一起的。

教材中设置了"学与问""思考与交流""实验""科学探究"等栏目，这些栏目都蕴含着不同的学科思想和方法。教师在教学中应充分挖掘和利用好每个栏目的潜在教育功能、每张图片的潜在教育价值，让每幅图片都会说话。教师要将教材作为一种信息载体或学习资源，在充分理解教材的功能基础上，使学生通过对教材内容的学习，得到全面和谐的发展。

二、改变教材的呈现方式

"科学探究"是新增的栏目，它对学生能力的培养和化学素养的提升具有十分重要的作用。无论是必修教材还是选修教材，在有关实验及科学探究的内容设置中，将科学探究的结论以定论的形式呈现在教材后，就会在一定程度上束缚学生的思维，不利于学生创新精神的培养，学生学习效果就会大大降低，也违背了教材改编的初衷。例如：《必修1》P48（铝和氧气的反应）、P50（铁和水蒸气的反应）。《必修2》P61（甲烷的取代反应）这三处的"科学探究"将探究结论以定论形式呈现在探究操作步骤之后，就可能使探究活动流于形式。教师在教学中要求学生不要预习，将教学内容设计成探究性学案进行教学，可以培养学生的探究能力，促进学生的发展。

三、读懂教材的缺陷与不足

教师要超越教材、创造性使用教材，就需要在解读中发现教材的缺陷与不足之处，加以分析引导，促进学生的学习活动。

1. 正视教材中的科学性错误，引导学生修正

教材是学生正式的学习文本，它具有权威性、示范性。它不同于教辅资料，不应出现科学性错误。但人教版教材个别地方确实出现了科学性错误，对此教师应正确引导学生的学习。举例如下：

《必修1》：

P16　实验1-5缺少"检查容量瓶是否漏水"，教师还应教会学生检查容量瓶是否漏水的方法。《必修1》P18习题9中（2）"溶液中的 Cu^{2+} 和 Cl^- 的物质的量"。Cu^{2+} 在溶液中发生水解，不能准确求出 Cu^{2+} 的物质的量。教师应将 $CuCl_2$ 改为 $BaCl_2$ 等不水解的盐，以利于学生在高二学习盐类的水解这一知识。

P20 ~ 21 习题 8, 通过教材中的流程得到的 $FeSO_4 \cdot 7H_2O$ 中含 Na_2SO_4, 不能得到纯净的 $FeSO_4 \cdot 7H_2O$。教师应提醒学生或再让学生设计实验除去 Na_2SO_4。

P84 $Cl_2 + H_2O = HCl + HClO$ 是可逆反应, 应将"等号"改为"可逆号"。

《选修 4》:

P41 "强酸、强碱和盐, 如硫酸、氢氧化钠和氯化钠等都是强电解质", 教师应说明"大多数盐都是强电解质"。

P81 电解饱和食盐水的阴极电极式: $2H^+ + 2e^- === H_2 \uparrow$。水是弱电解质, 写电极反应式时不能写成 H^+, 应为 $2H_2O + 2e^- === H_2 \uparrow + 2OH^-$。

P58 [练习] 1. 试解释下列事实: NaHS 溶液呈弱碱性, Na_2S 溶液呈较强碱性……根据 P43 查得 H_2S 第一步电离常数为 1.3×10^{-7}, 由公式 $K_h = K_w / K_b$ 得常温下 $K_h = 1.0 \times 10^{-14} / 1.3 \times 10^{-7}$, 得 $K_h = 7.7 \times 10^{-8} < 1.3 \times 10^{-7}$, 说明电离大于水解, 因此 NaHS 溶液呈弱酸性。

《选修 5》:

P13 烃分子失去一个氢原子所剩余的原子团叫作烃基。应为: "烃分子失去一个或几个氢原子所剩余的原子团叫作烃基", 如 $-CH_2-$ 等。

教学案例:

《必修 2》P48 实验 2-6: 在 3 支大小相同的试管中各装入 2~3ml5% 的 H_2O_2 溶液, 再向其中 2 支试管中加入少量 MnO_2 粉末、1~2 滴 1mol/L 的 $FeCl_3$ 溶液。对比观察现象。

操作	现象	结论
加入 MnO_2		
加入 $FeCl_3$		
不加其他试剂		

……

从实验 2-6 我们观察到, MnO_2、$FeCl_3$ 可以加快 H_2O_2 分解的反应速率, 起了催化剂的作用。

以上是教材的原话, 误导学生得出 MnO_2 和 $FeCl_3$ 都是催化剂及 MnO_2 催化效果更好的结论。其实严格来说, 这个实验除了已知 MnO_2 是催化剂外, 不能得出教材所说的结论。通过实验现象只能说明 $FeCl_3$ 可以加快 H_2O_2 分解的反应速率。此实验没有现象和数据能说明 $FeCl_3$ 溶液的化学性质及其质量在反应前后没有发生变化。即使 $FeCl_3$ 溶液是催化剂，MnO_2 粉末和 $FeCl_3$ 溶液的催化效果也没有可比性，因为其间包含了多个变量，如状态和催化剂。这里就利用这一欠科学性之处，设计以下问题培养学生思维的逻辑性。

问题1：设计实验证明 $FeCl_3$ 溶液是催化剂。

问题2：是 Fe^{3+} 还是 Cl^- 起催化作用？设计实验证明你的猜想。

问题3：怎样比较 MnO_2 和 $FeCl_3$ 的催化效果？

问题1、问题2，学生设计了多种实验方案并进行实验，同学之间互相交流互相对比，得出哪些方案合理、哪个方案最优。学生从中学会了运用实验、数据等方法和手段，完成简单的科学探究，得出合理结论，还建立了实验探究中"控制变量"和"空白实验（对照实验）"的思想，学会实验条件控制的基本思路，从而很好地培养了严谨的思维逻辑性。

2. 教材语言欠规范，给予正确指引

教材语言要符合汉语语法规则，学科用语要规范、科学、严密，教材语言要为学生树立榜样，这就是教材的"规范功能"。但本套教材在语言规范化方面还存在一些问题，列举如下：

《必修1》

P5　实验1-1"用海水、盐……直接制盐"一句中的第一个"盐"改为"盐卤"。

P9　第8行"沿烧杯壁流下"中的"壁"改为"内壁"。

P26　第7行"浊液中的粒子通常大于100nm"中的"粒子"改为"分散质的粒子"。

P57　图3-14没标注图中金属的焰色，教师应说明其中常用的金属焰色。

P94　防治酸雨的措施："原煤脱硫技术，可以除去燃煤中大约40% ~ 60%的无机硫"应为"采用原煤脱硫技术，除去煤中40% ~60%的无机硫"。

《必修2》

P44　图2-16中"氧""氢"应改为"氧气""氢气"。

P50　"科学史话"中 C 与 O_2 及 CO_2 与 C 反应的化学方程式均没有标明

反应条件。

P61 甲烷的氧化反应的化学方程式，写了物质的状态但没标△H，不是热化学方程式，也不是普通的化学方程式。

P74 乙醇的结构式中羟基为"—OH"，应为"—O—H"

《选修5》

P21 乙醇的结构式中羟基为"—OH"，应为"—O—H"。

P45 复习题9中"生成2−甲基−2，3−二氯戊烷"，应为"生成2，3−二氯−2−甲基戊烷"。

P52 图3−5乙醇与重铬酸钾溶液的反应，学生从图中难以观察反应后的颜色变化（有些学校没条件做这一实验），教师可播放交警检验司机酒后驾车的视频说明反应前后颜色的变化：橙色变绿色。

P83 $C_6H_{12}O_6 \longrightarrow 2C_2H_5OH + CO_2$ 应为 $C_6H_{12}O_6 \longrightarrow 2C_2H_5OH + CO_2 \uparrow$

教师在教学中应注意引导学生的规范性学习，以培养学生思维的严密性。

3. 关注实验的可行性和环保性

进行教材中的实验应考虑学校的实验条件、环保和安全等方面的问题。

《选修4》P40实验3−1中盐酸的浓度为1mol/L，用pH试纸测不出其pH值，而清远市第三中学只有一个pH计，不能满足多个班同时上课的需要，因此教师可将盐酸改为更小的浓度，如0.1mol/L。可进行学生的分组探究实验，激发学生的学习兴趣及提高探究能力。

《必修1》P101实验4−9铜和浓硝酸的反应体现了绿色化学及环保的理念，但《必修2》P34实验2−2Ba（OH）$_2$·8H$_2$O晶体与NH$_4$Cl晶体的反应，没有安全措施及环保措施，此教学教师有几点需要注意：

原料和产物的安全：氢氧化钡晶体有毒，极易吸收空气中的CO$_2$生成碳酸钡，因此取用后应立即密封。氯化铵晶体没有危险，但生成的有强烈刺激性气味的氨气会污染空气，因此要吸收尾气［在烧杯上放一个多孔塑料片（多孔塑料片直径稍大于烧杯的口径），在多孔塑料片上铺一层棉花，再滴加适量的稀硫酸用以吸收氨气］。生成的氯化钡有重金属元素，要提醒学生制得后注意回收，不能直接弃在洗手池。

药品用量精确，没有用量危险。但反应物的用量影响反应现象，应要求学生按照教材的用量进行实验，玻璃片上滴加的水量不能太多。水太多会导致烧杯与玻璃片不能粘在一起。

实验安全操作：氨气不能直接排放于大气中，应用稀硫酸吸收。闻氨气时注意安全，用手轻轻扇动，使极少量的氨气进入鼻孔。实验后安全处置药品，回收氯化钡，仪器清洗干净后放在指定的位置。

鉴于此实验存在安全问题，除了以上改进，我还做了另一改进：

1. 分别称量约 5g 氯化铵晶体和 10g 氢氧化钡晶体。10g 氢氧化钡晶体用研钵研磨，并将研成粉末放入保鲜袋中，加入 5g 氯化铵晶体，测量此时保鲜袋内的温度。

2. 将晶体混合后立即用玻璃棒快速搅拌。

3. 扎紧保鲜袋袋口，用手触摸保鲜袋，再测量此时保鲜袋内的温度。

4. 观察保鲜袋中的混合物。

5. 往保鲜袋中加入稀硫酸，扎紧保鲜袋袋口，振荡。

6. 将反应后的混合物放在指定的烧杯中，清洗仪器，放好仪器和药品。

这一改进适宜进行学生分组实验，实验用品易得，操作简便又环保。

教师要有效利用教材，即用好教材、用活教材，就不只是要解读教材，准确领悟教材内容，还要发现教材的不足与缺陷，进而加工重组，使教材得以完善，使教学既基于教材，又超越教材。

四、重组和拓展教材

教师必须了解每个模块、每章的编写思路，明确重点知识的化学内涵，揭示化学核心知识的形成和发展规律；根据清远市第三中学学生的具体情况和教学需要，对知识结构进行适当调整；合理开发课程资源，使之更好地符合学生的认知特征和发展需要。

1. 根据教学实际，调整教材安排的顺序

教师必须注意模块内的教学衔接，切合学生实际，找准知识的衔接点和生长点。

《必修1》P84 对于氯气与水反应的描述"在常温下溶于水的部分 Cl_2 与水发生如下反应：$Cl_2 + H_2O = HCl + HClO$"。教材上以不可逆的形式呈现，学生难以理解氯水为什么有颜色。其实，氯气和水反应是一个典型的可逆反应，氯水的颜色可以较直观地证明这是一个可逆反应。教师在此处引入可逆反应，学生不但理解了氯水为什么是浅黄色，也很好地理解了可逆反应的概念，在下一节以 SO_2 与水反应再次强化可逆反应的学习。

如人教版《选修4》第二章的编排顺序为先介绍化学平衡移动再介绍化学平衡常数的计算。学生理解一些平衡移动问题觉得很抽象、很困难，如果先学习平衡常数再学习化学平衡移动这个问题就迎刃而解。

2. 根据教学实际，完善学生的知识体系

教师在教学实施之前应该从教材整体的角度去理解其内容的选择与组织，重新理解化学知识的系统性与规律性，领会每一部分内容在教材整体中的作用和价值，在此基础上对相应的内容进行教学设计，使教学实施过程与教材设计意图最大限度地保持一致。

例如，《必修1》P25 物质的分类图 2-3 化合物的分类没有提及有机物及氧化物。学生在九年级时已学习了甲烷、乙醇、乙酸的初步知识，在学习物质分类时，教师简要介绍有机物，利于学生以后有机物的学习。在第三章 P58 "金属及其化合物"中介绍了"两性氧化物"这一知识，没有介绍酸性氧化物、碱性氧化物，学生在九年级也没学过此类知识。但学生九年级已学习了氧化物的概念，所以可在学习两性氧化物时，以 CO_2、Na_2O 为例讲授酸性氧化物、碱性氧化物相关知识，完善学生关于氧化物的知识体系。

又如《必修1》P31 离子反应及其发生条件的学习中，教材只提及复分解反应的发生条件，但学生在九年级已学了置换反应和金属活动顺序表，学习了氧化还原反应知识，所以教师在教学中应适当拓宽"属于离子反应的氧化还原反应的发生条件"。教师应全面理解教材结构，准确把握必修模块的教学要求和知识的深度。从课程设计来看，必修模块的学习目的是促进全体高中生形成最基本的科学素养，必修教材的内容是高一学生都要学习的化学知识，因此必须强调其基础性、广泛性，不能强调其深度。再如"离子反应""氧化还原反应"在必修模块中是作为化学反应的分类类型来介绍的，其最基本的要求就是根据分类标准进行分别判断。至于各种情况下离子方程式的书写、氧化还原反应中电子转移的方向和数目、配平及计算等知识都将在相应的选修模块中进一步学习。

《选修4》P17 化学反应速率的概念的理解可适当扩充，如可逆反应的合速率：可逆反应达到平衡，反应物或生成物平衡时浓度的变化量为0，合速率为0。

（2009年广东高考试题）20.（1）根据上述条件，计算不同时间范围内甲酸甲酯的平均反应速率，结果见下表：

反应时间/min	0～5	10～15	20～25	30～35	40～45	50～55
平均反应速率 / （10^{-3}mol · min^{-1}）	1.9	7.4	7.8	4.4	1.6	0.8

（2）依据以上数据，写出该反应的反应速率在不同阶段的变化规律及其原因。

（2011年海南高中试题）对于可逆反应 H_2（g）+I_2（g）$\rightleftharpoons$ 2HI（g），在温度一定下由 H_2（g）和 I_2（g）开始反应，下列说法正确的是（   ）。

A. H_2（g）的消耗速率与 HI（g）的生成速率之比为 2∶1

B. 反应进行的净速率是正、逆反应速率之差

C. 正、逆反应速率的比值是恒定的

D. 达到平衡时，正、逆反应速率相等

以上试题考查了可逆反应的合速率、净速率这一知识点，在教学中可引导学生理解。

五、注意模块间教学的一致性

《选修4》P30 化学平衡常数的计算题不带单位，《必修1》的计算题都带单位，这点没有统一性。《选修4》P30 化学平衡计算选用的例题都是在计算过程中单位可以约去的，教材回避了化学平衡常数的单位，教师应给学生一种正确的导向。平衡常数有标准平衡常数和非标准平衡常数，前者的量纲为1，后者的量纲取决于平衡常数的表达式。对于反应物计量数之和与生成物计量数之和相等的反应，其非标准平衡常数是无量纲的纯数，与压力、浓度所用的单位无关，并且等于标准平衡常数。广东高考也体现了非标准平衡常数有单位。例如2008年高考试题第24题（3）②，该条件下反应 2NH$_3$（g）$\rightleftharpoons$ N$_2$（g）+3H$_2$（g）的平衡常数。又如2010年高考试题第31题（3），H$_3$BO$_3$溶液中存在如下反应：H$_3$BO$_3$（aq）+H$_2$O（1）$\rightleftharpoons$［B（OH）$_4$］$^-$

（aq）＋H^+（aq）。已知 0.70mol·$L^{-1}$$H_3BO_3$溶液中，上述反应于 298K 达到平衡时，$c_{平衡}$（$H^+$）＝ 2.0×10^{-5} mol·L^{-1}，$c_{平衡}$（H_3BO_3）≈ $c_{起始}$（H_3BO_3），水的电离可忽略不计，求此温度下该反应的平衡常数 K（H_2O 的平衡浓度不列入 K 的表达式，计算结果保留两位有效数字）。

除此之外，教师还需关注不同版本教材的细微变化，因为教材在不断地修改，如《选修5》P58 乙醛在碱性溶液中与新制的氢氧化铜悬浊液反应，新版的化学反应方程式就考虑了生成的乙酸和氢氧化钠溶液的反应，把氢氧化钠写在反应方程式里了。

要实现"用教材教"，最基本的要求也是准确理解教材、用好教材，然后才能创造性地用活教材，活用教材。而要准确理解教材，教师就必须研读教材，运用新课标的理念解读教材。教师只有读懂了教材，领会其旨意，理解其编写意图与目的要求，发现其特色与缺陷，才能进一步对教材加工完善，创造性地用好教材，进而促进学生的发展。

参考文献

［1］人民教育出版社课程教材研究所化学课程教材研究开发中心．普通高中课程标准实验教科书化学（必修1）［M］．北京：人民教育出版社，2007.

［2］人民教育出版社课程教材研究所化学课程教材研究开发中心．普通高中课程标准实验教科书化学（必修2）［M］．北京：人民教育出版社，2007.

［3］人民教育出版社课程教材研究所化学课程教材研究开发中心．普通高中课程标准实验教科书化学反应原理（选修4）［M］．北京：人民教育出版社，2007.

［4］人民教育出版社课程教材研究所化学课程教材研究开发中心．普通高中课程标准实验教科书有机化学基础（选修5）［M］．北京：人民教育出版社，2007.

［5］中华人民共和国教育部．普通高中化学课程标准（实验）［M］．北京：人民教育出版社，2003.

第五节 化学实验教学中巧设问题
培养学生的思维品质

　　教师在教学中在让学生掌握基础知识和基本技能的同时，应培养学生思维品质，让学生学会用化学的知识、技能、思想和方法去分析和解决社会中的化学问题。以化学实验教学为载体，重视对学生思维品质的培养，这对学生学好化学，乃至于今后的学习、研究和生活都具有十分重要的意义。

　　思维品质伴随着学生化学学习认知过程的分析、综合、概括、抽象、比较、具体化和系统化等一系列过程，是将感性材料进行加工并转化为理性认识及解决问题的思维的个性特征。实验是培养学生化学思维品质的最好载体之一，我就如何在化学实验中巧设问题，培养学生的批判性、深刻性和整体性思维品质做了一些实践，取得了良好的效果。

一、大胆质疑教材的实验，巧设问题培养学生思维的批判性

　　批判性是思维活动中独立发现和批判的程度。是循规蹈矩、人云亦云，还是独立思考、善于发问，这是一个很重要的品质。思维的批判性建立在喜欢质疑的良好习惯上，因此使学生善于分析、敢于怀疑是培养其思维批判性的有效方法。教材具有科学性、权威性、示范性，但也有存在缺陷的内容，这类内容反而是巧设问题引导学生大胆质疑，从而培养学生良好的思维品质的很好的素材。

　　思维的批判性品质，来自对思维活动各个环节、各个方面进行调整与校正。在恰当的问题情境中，激发学生思维，放手让他们自己去想办法解决问题，不为标准答案所束缚，敢于挑战"权威"。在这个过程中，学生的批判性

思维可以得到很好的培养。

二、改进实验教学的问题设计，培养学生思维的深刻性

思维的深刻性是指思维活动的抽象程度和逻辑水平，涉及思维活动的广度、深度和难度。具有深刻性的思维是在感性材料的基础上，通过细致缜密的分析，去粗取精、去伪存真，由此及彼、由表及里，进而抓住事物的本质与内在联系，认识事物的规律性。

我根据学生的课堂反馈，充分利用教材资源不断改进实验教学问题的设计，让学生在实验中观察、比较、分析、思考，掌握所学知识的内涵和本质。

案例1：　《化学反应原理》第二章第二节"影响化学反应速率的因素"——浓度对化学反应速率的影响，学生通过实验很容易得出其他条件相同时，增大反应物浓度，反应速率增大，减小反应物浓度，反应速率减小这一结论，但教材设计还有另一重要意图：让学生学会控制变量法。我在给第一个班上课时就（P20 实验 2 - 2）设计了以下学案：

1. 该实验的实验目的是＿＿＿＿＿＿＿＿＿＿＿＿＿＿＿＿＿＿＿＿

2. 实验原理（用化学方程式表示）：＿＿＿＿＿＿＿＿＿＿＿＿＿＿＿＿。

3. 实验仪器：＿＿＿＿＿＿＿＿＿＿＿＿＿＿＿＿＿＿＿＿＿＿＿＿＿。

4. 实验用品：＿＿＿＿＿＿＿＿＿＿＿＿＿＿＿＿＿＿＿＿＿＿＿＿＿。

5. 实验步骤：＿＿＿＿＿＿＿＿＿＿＿＿＿＿＿＿＿＿＿＿＿＿＿＿＿＿

＿＿＿＿＿＿＿＿＿＿＿＿＿＿＿＿＿＿＿＿＿＿＿＿＿＿＿＿＿＿＿＿。

6. 该实验不变的因素有＿＿＿＿＿＿＿＿＿＿＿＿＿＿＿＿＿＿＿＿＿。

7. 控制条件（自变量）是＿＿＿＿＿＿＿＿＿＿＿＿＿＿＿＿＿＿＿＿。

8. 结果（因变量）是＿＿＿＿＿＿＿＿＿＿＿＿＿＿＿＿＿＿＿＿＿＿。

我发现学生的学习效果比预想中的还差，学生对控制变量法的实质和运用尚未掌握，可能是我设计的问题没有引起学生的深刻思考，使学生在实验中"照方抓药"。于是我稍做改动，在不同的平衡班上课，根据教材 P20 的实验 2 - 2，设计如下表格让学生填写并进行实验探究，见表 2 - 5 - 1。

表 2 − 5 − 1　实验 2 − 2 试剂种类与用量

试管编号	加入试剂			
	$H_2C_2O_4$		$KMnO_4$（加 5 ~ 6 滴 H_2SO_4）	
	浓度/mol · L^{-1}	体积/mL	浓度/mol · L^{-1}	体积/mL
①				
②				

问题 1：本实验控制了哪些变量？为什么要控制这些变量？

问题 2：对比 $H_2C_2O_4$ 和 $KMnO_4$ 溶液的体积、浓度，为什么教材用这一体积和浓度？与得出实验结论有何关系？如果不用教材的浓度可行吗？如果可行，可以怎样选择 $H_2C_2O_4$ 和 $KMnO_4$ 溶液的浓度？（如果不可行此问题不用回答）

问题 3：利用所给的试剂研究不同浓度的 $KMnO_4$ 溶液对反应速率的影响，该如何设计实验？把你设计的实验中所用的试剂浓度和体积数据继续填入表 2 − 5 − 1。

问题 4：$KMnO_4$ 溶液酸化的目的是什么？能用浓盐酸或硝酸来酸化 $KMnO_4$ 溶液吗？原因何在？

对于问题 2，有部分学生不理解，引导学生从反应物的物质的量分析，学生恍然大悟：该实验要控制 $H_2C_2O_4$ 过量酸性 $KMnO_4$ 溶液方能褪色，从而得出结论。学生理解其实质，设计不同浓度的 $KMnO_4$ 溶液对反应速率的影响，也注意了这一关键性的问题。

改进探究实验的设计，让学生填写表格，可以达到三个目的：①通过主动阅读引起学生对两种试剂的浓度与用量的关注；②利用表格呈现各个变量的关系，更为直观；③以实验表格的设计为抓手，让学生学会控制变量基本思路。在此实验中引导学生深入思考问题，善于概括归类，善于抓住事物的本质和规律。

案例2：《必修1》P60 实验3－9：在2支试管里分别加入少量的 $FeCl_3$ 溶液与 $FeSO_4$ 溶液，然后滴入 NaOH 溶液，观察并描述发生的现象。

溶液	实验现象	离子方程式
$FeCl_3$溶液		
$FeSO_4$溶液		

《必修1》P61 实验3－10：Fe^{3+} 的检验。在2支试管里分别加入5ml $FeCl_2$ 溶液和5ml $FeCl_3$ 溶液，各滴入几滴 KSCN 溶液，观察现象并记录。

溶液	实验现象	结论与解释
$FeCl_3$溶液		
$FeCl_2$溶液		

……

新教材没有像旧教材那样说明"用长的胶头滴管插入液面下"，给学生做实验创造失败的机会，创造矛盾的冲突，引导学生思考并改进实验，同时给老师发挥用教材的余地。教材中这两个实验用的亚铁盐与铁盐是不同的，于是设计以下问题：

1. 实验3－10为什么用的均是氯化物而不用 $FeCl_3$ 溶液和 $FeSO_4$ 溶液呢？

2. 实验3－10用 $FeSO_4$ 溶液与 $Fe_2(SO_4)_3$ 溶液可代替 $FeCl_3$ 溶液与 $FeCl_2$ 溶液吗？为什么？

3. 实验3－9：用 $FeCl_2$ 溶液制备 $Fe(OH)_2$ 能长时间观察到白色絮状沉淀吗？

这些问题虽制造了思维的冲突，但学生掌握的实验知识不多，不解其由。接着我又抛出另一问题：$FeCl_3$ 溶液和 $FeSO_4$ 溶液，$FeCl_3$ 溶液和 $FeCl_2$ 溶液，这两组溶液的组成有何不同？

这时细心的同学发现了问题：$FeCl_3$ 溶液、$FeCl_2$ 溶液的阴离子是相同的阳离子是不同的，而 $FeCl_3$ 溶液、$FeSO_4$ 溶液的阴、阳离子都不相同。实验目的是：在阴离子相同时，得出的是 Fe^{3+} 与 KSCN 溶液的反应现象，排除了阴离子的干扰。此时顺理成章地引出"控制变量法"，教材设计意图就豁然明朗了。之后教材再给出"硫酸铁等含有 Fe^{3+} 的盐溶液遇到 KSCN 溶液时变成红色，我们可以利用这一反应检验 Fe^{3+} 的存在"这一结论。教材实验设计的表达是多么科学、严谨、规范，这点可潜移默化地培养学生思维的深刻性。

为了反映事物的本质和内在规律性，必须多视角、多侧面、多因素、多角度地进行思考和论证，必须对可能出现的情况、可能起作用的因素、可能发生的后果逐一进行考查和预测。然后经过分析、综合，依据对主要矛盾和主要矛盾方面的基本判断做出科学的抉择或决策，关注学生的课堂反馈，不断地改进实验教学的问题设计，进而很好地培养学生思维的深刻性。

三、挖掘教材中的实验素材，巧设问题培养学生思维的整体性

简单地说，思维的整体性是指人们在思考问题时能够着眼全局，抓住事物的主要矛盾，全面衡量，综合考虑，而不是一味注意细枝末节。教学中通过实验过程中出现的各种现象或学生在实验过程中出现的各种问题的讨论，由浅入深、由表及里，分析主要矛盾来解决问题，不但培养了学生分析与综合、比较与联系、归纳与演绎等思维方法，更是培养了学生思维的整体性。

案例 3：《必修 1》P7"思考与交流"。

如果要除去粗盐中含有的可溶性杂质 $CaCl_2$、$MgCl_2$ 及一些硫酸盐，按下表所示顺序，应加入什么试剂？可参考资料卡片中相应物质的溶解性。

杂质	加入试剂	化学方程式
硫酸盐		
$MgCl_2$		
$CaCl_2$		

上述问题大多数学生能很快解答且结果正确，有强烈的成功感。我在学生情绪高涨时提出以下问题：

1. 加入的试剂要考虑先后顺序吗？为什么？如果要，有几种方案可行？（如果不用考虑加试剂的顺序，此问题不用回答）

2. 加入试剂是否过量？如果过量，其原因是什么？过量的试剂如何处理？

3. 这些试剂能否用其他物质代替？

4. 加入你所选的试剂除去杂质后，有没有引入其他离子？如有，怎样除去？

上述的"思考与交流"是高考常考题型化工流程题的原型。从化学反应原理出发，设计以上问题引导学生思考粗盐提纯中所涉及的各种问题，不但加强了学生对量的概念的认识，而且为其后续学习打下基础。因为学生在后续学习的探究实验的实验设计中经常会遇到控制试剂用量的问题，特别是在混合物分离化合物或离子检验过程中都有要求。另外在混合物分离时一般要加入过量分离所用的试剂，以保证完全分离，避免影响后续操作或鉴定；而在化合物或离子的检验时一般要控制加入少量检验试剂，一方面是鉴定操作的规范性要求，另一方面是加入的试剂过量有可能导致颜色变化不明显或者鉴定失败。所设计的问题更是培养了学生全盘考虑问题和分析问题的能力，使学生学会着眼于事物之间的有机关系，抓住事物的主要矛盾，全面衡量，综合考虑。

案例4：《化学反应原理》第四章第一节"原电池"P72说明了"原电池输出电能的能力，取决于组成原电池的反应物的氧化还原能力"，这一规律学生很易遗忘或忽视。这本不是实验也不是科学探究，但很有探究的价值。为了使学生理解并运用这一知识，教学中巧妙地设计了以下问题：

请设计实验证明以上说法并进行实验。

学生通过思考、交流得出了多种实验方案，这些方案的共同点是：选用相同的正极材料（惰性电极，如石墨）和相同的电解质溶液（浓度、体积均相同），使用相同的导线灵敏电流计，正、负电极表面积相同，正、负电极的距离相同，通过测量电流的大小来比较原电池输出电能的能力。见表2-5-2。

表2-5-2 比较原电池输出电能的能力

负极	正极	电解质溶液/1mol·L^{-1}	电流/mA
Fe	石墨（惰性电极）	$H_2SO_4/CuSO_4$	
Zn	石墨（惰性电极）	$H_2SO_4/CuSO_4$	

在学生设计实验的思考过程中，引导学生抓住问题的各个方面综合考虑，这就是思维整体性的培养。

在化学实验教学中如何优化学生思维方式、培养学生的思维品质是每位教育工作者都必须认真思考和实践的问题。思维品质是在学科知识和能力体系构建过程中形成并不断完善的。因此我们在化学实验教学中应充分挖掘各种素材，巧设问题，开发学生的学习潜能，开拓学生的视野，培养学生思维品质，从而促进学生的终身发展。

参考文献

[1] 人民教育出版社课程教材研究所化学课程教材研究开发中心．普通高中课程标准实验教科书化学（必修1）［M］．北京：人民教育出版社，2007.

[2] 人民教育出版社课程教材研究所化学课程教材研究开发中心．普通高中课程标准实验教科书化学（必修2）［M］．北京：人民教育出版社，2006.

[3] 人民教育出版社课程教材研究所化学课程教材研究开发中心．普通高中课程标准实验教科书化学反应原理（选修4）［M］．北京：人民教育出版社，2007.

[4] 中华人民共和国教育部．普通高中化学课程标准（实验）［M］．北京：人民教育出版社，2003.

[5] 张海洋．从2011年广东高考理综化学试题谈对化学教学的思考［J］．化学教学，2011（12）：47-50.

第三章

教学思想的践行

——教学设计与实施

第一节 研究化学教材，彰显育人价值

新课程强调培养学生的科学素养，而科学素养的教育本质是学生把所有的具体知识都忘记了所留下来的能够影响学生终身发展的隐性要素，包括思想观念、态度、方法、思维方式和行为习惯，是解决问题的能力和品质。化学承载着培养学生科学素养的功能。如果教师能够充分领悟到教材中的科学知识所蕴含的丰富教育价值，认识到科学知识是人类永无止境地认识和探究世界的结果，理解教材中蕴含着的特定科学方法、观念、精神，就能将教材上的内容作为组织教学活动，使学生进行意义建构、获得情感体验的一种课程资源。知识的教育价值只是一种潜在的、可能的价值，要实现知识的教育价值，就要把这种潜在的、可能的教育价值转化为学生内在的个性素质，这就需要通过教与学的活动。

科学知识具有多重的价值，其中信息价值是最直接的。科学知识的信息价值可以充实学生的头脑，丰富学生的文化和精神生活。科学知识还具有丰富的情意价值、应用价值、认识价值和探究价值。（图 3 - 1 - 1）由此可见，教师正确把握教学内容的多重育人价值是非常重要的。本节将主要研究化学教材如何体现育人价值。

图 3 - 1 - 1 科学知识价值模型

一、研读教材，领会知识的认识价值

科学知识作为人类认识世界的智慧结晶，其承载的意义绝不仅仅限于字面表达的含义，更有在知识发现过程中人的智力和情感的付出，而这正是科学知识的丰富教育内涵所在。从这个角度来说，科学知识具有丰富的认识价值。科学知识不单纯是人类认识世界规律的结果，也是人类形成认识方式、思想观念的基本途径。教师在传授基础知识和基本技能的同时，也要培养学生的学科思想和学科基本观念等。然而，有些教师将科学知识的内涵狭隘地理解为一系列的事实信息、概念理论和规则的价值等，往往只看到呈现在书本上的显性知识，这样会导致教学以传授书本知识为中心，而学生成了被动接受知识的容器。不同的教师对教材内容的解读和认识是不相同的，尤其是对于隐藏在显性教材内容背后多样化的教育内容。如何对教材的育人价值加以分析和挖掘，对教师来说是极具创造性的工作。

案例1：《必修1》P26"科学探究"活动"氢氧化铁胶体的制备"。上课时教师提供蒸馏水、饱和氯化铁溶液、硫酸铜溶液、泥水、酒精灯、烧杯和胶头滴管等实验药品和仪器，学生自主进行实验。实验结束以后，学生发现了不少问题：①为什么相同的反应物有些同学制得氢氧化铁胶体，而有些同学制得氢氧化铁沉淀？②氢氧化铁胶体可以转化为氢氧化铁沉淀吗？

教师要求制得氢氧化铁胶体的同学继续加热氢氧化铁胶体一段时间，观察现象。学生找到问题的关键：通过加热的方法可以使胶体转化为沉淀。这提炼之后就是学科的核心观点：变化观——分散质粒子可以"长大"。除此之外，这一"科学探究"还承载着培养学生"实验中量的意识"的任务：将25ml蒸馏水煮沸后，逐滴加入5~6滴的饱和氯化铁溶液，实验中强调了量的关系；如果饱和氯化铁溶液加多了，蒸馏水用量少了，容易制得氢氧化铁沉淀。以后学生实验时就会有意识地控制实验中各物质的用量。通过学生实验和教师设计的问题，学生自己思考得出了结论，此时学生自己形成了观念。理性思维帮助学生形成观念，学生对具体事实进行加工后再概括出来的，才能将其上升为上位的观念性认识。教师的作用是设计充满理性思维的活动或问题作为认知学习的"脚手架"，进而帮助学生形成学科观念。这些观念包含着深刻的内涵，不是一朝一夕就能在学生的头脑中建立起来的，需要通过一系列的知识及不断地学习才能建立起来。这就要求教师善于研究教材，领会教材编写的意图，设计问题引导学生理解在生本对话中学生没有领悟的观念和方法。

二、阅读科学史，发挥知识的情意价值

科学知识的学习能对学生的情感、意志、态度和价值观等方面产生积极的影响，具有丰富的情感价值。可通过科学史、生活中的化学知识等来体现。

案例2：《必修2》中第一章"原子结构与元素周期律"第二节"元素周期律和元素周期表"中介绍了"对元素周期律的认识"。门捷列夫等科学家对元素分类排列，发现元素性质的周期性变化；门捷列夫对未知元素的预言和后续实验研究结果对门捷列夫预言的证实；从教材的描述中学生可以看到，元素周期律的发现历经了一个漫长的过程，凝结着许许多多科学家的辛勤汗水与不懈的探索。教学中借助这些素材教育感染学生，学生会受到科学态度和科学精神的熏陶，能认识到科学理论是不断完善和发展的，进而懂得"在科学上没有平坦的大道，只有不畏劳苦沿着陡峭山路攀登的人，才有希望达到光辉的顶点"。

人类对某些化学理论、规律的认识都经历了一个长时间的演变过程，单纯地懂得许多重大的化学理论和化学定律的现在，但却不了解它们的过去，往往不能深刻地理解这些理论和定量。通过本案例的学习，可以使学生了解元素周期律从理论的萌芽到理论的发展乃至理论成熟的全过程，更好地理解和运用元素周期律。此外，通过这一案例的学习，还可以使学生认识到对化学物质及其变化进行分类研究的重要性，知道分类是进行化学科学研究和化学学习的一种不可缺少的重要科学方法，认识到对化学资料和事实进行表格化处理，也是化学科学研究和化学学习中经常运用的一种科学方法。

中学化学教学的学科知识是有限的，学生应借助这些知识的学习，形成终身有用的思想、观点和方法，把学习当作启发思维、训练思维的"种子"。教师就需要认真研究教材，深刻地理解教材内容，全面把握和分析科学知识的多重价值，以培养学生价值观、科学与人文精神等，真正实现教书育人。

参考文献

［1］人民教育出版社课程教材研究所化学课程教材研究开发中心．普通高中课程标准实验教科书化学（必修1）［M］．北京：人民教育出版社，2007.

［2］人民教育出版社课程教材研究所化学课程教材研究开发中心．普通高中课程标准实验教科书化学（必修2）［M］．北京：人民教育出版社，2007.

［3］中华人民共和国教育部．普通高中化学课程标准（实验）［M］．北京：人民教育出版社，2003.

［4］叶澜．课堂教学过程再认识：功夫重在论外［J］．课程·教材·教法，2013（5）：3－13.

［5］亓英丽，毕华林．基于知识价值开发的理科教材内容分析［J］．课程·教材·教法，2013（6）：68－71.

［6］人民教育出版社课程教材研究所化学课程教材研究开发中心．普通高中课程标准实验教科书化学反应原理（选修4）［M］．北京：人民教育出版社，2007.

第二节　分散系及其分类

课　例

"分散系及其分类（第2课时）"教学课件

【学习目标】

1. 通过用给定的药品制备分散系，认识三种分散系，建立微粒观、分类观。学会制备氢氧化铁和鉴别胶体。

2. 设计实验比较浊液、胶体和溶液的分散质粒子大小，通过实验理解三种分散系之间的转化条件，建立变化观。

3. 用豆浆制作豆腐，体会化学知识在生活中的应用。

【分组实验】

请您选用以下仪器和药品制备尽可能多的混合物。要求：饱和 $FeCl_3$ 溶液的体积相同、混合后溶液的总体积相同（忽略混合后溶液的密度变化）。制备完毕，请仔细观察这些混合物，比较它们外观特征的异同。再用激光笔照射制备出来的混合物，观察现象。填写表 3-2-1。

表 3-2-1

混合物	反应物	制备方法	外观特征	激光笔照射时的现象
混合物 1				
混合物 2				

供选择的药品与仪器用品：蒸馏水、沸水、饱和 FeCl₃ 溶液、1mol/L NaOH 溶液、试管若干支、酒精灯、量筒、胶头滴管、试管夹、火柴、烧杯。

【教学过程】

活动1：对实验结果——混合物进行分类

1. 分散系定义（图3-2-1）

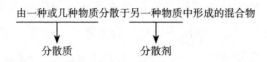

图3-2-1　分散系定义

2. 分散系分类

分类依据：根据分散系中分散质粒子直径大小进行分类。分散剂是水或其他液体。（图3-2-2）

按分散质粒子大小分 { 浊液 { 悬浊液 / 乳浊液 } 胶体 溶液 }

图3-2-2　分散系分类

3. 胶体

（1）定义：分散质粒子大小介于 1~100nm 的分散系。

（2）分类：根据分散质与分散剂状态分类。（图3-2-3）

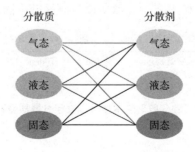

图3-2-3　胶体分类

活动2：观察

1. 要求

（1）观察溶液、胶体、浊液的外观，记录现象（表3-2-2）。

（2）如何用实验方法比较溶液、胶体和悬浊液三种分散系的分散质粒子大小？设计实验方案并分组实验。

（3）用数轴表示三种分散系的分散质粒子的大小关系。

仪器与用品：氢氧化铁沉淀、氢氧化铁胶体、氯化铁溶液、蒸馏水、滤纸、漏斗、铁架台、铁夹、铁圈、烧杯、激光笔、半透膜、玻璃棒、细绳。

（提示：渗析，又称透析。一种以浓度差为推动力的膜分离操作，利用膜对溶质的选择透过性，实现不同性质溶质的分离，即利用半透膜能透过小分子和离子但不能透过胶体粒子的性质，从溶胶中除掉作为杂质的小分子或离子的过程。）

表3-2-2 溶液、胶体、浊液外观及现象

溶液	$FeCl_3$溶液	$Fe(OH)_3$和水的混合物	泥水
外观	均一，透明	均一，透明	浑浊，静置分层，不稳定
用激光笔照射烧杯中的液体	无明显现象	看到一条光亮的"通路"	无明显现象

当可见光束通过胶体时，在入射光侧面可观察到明亮的"通路"，这种现象叫作丁达尔效应。

结论：通过丁达尔效应可以区分溶液和胶体。

2. 分散系

三种分散系的本质区别在于分散质微粒直径的不同，如图3-2-4所示。

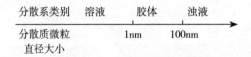

图3-2-4 三种分散系的本质区别在于分散质微粒直径的不同

活动3：对比试验

溶液、胶体和悬浊液三者之间可以转化吗？请同学们设计实验方案并完成实验，记录现象，并结合实验尝试用图示方法表示$FeCl_3$溶液、$Fe(OH)_3$胶体和$Fe(OH)_3$浊液的转化关系。（图3-2-5）

用品：氢氧化铁胶体、稀盐酸、试管、胶头滴管

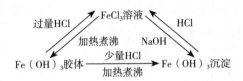

图3-2-5 三种分散系之间的转化

活动4：豆浆胶体与石膏的化学反应

在烧杯中加入适量的豆浆胶体，加入1g石膏，充分振荡，观察现象。请同学们尝试用豆浆制作豆腐。

思考：为什么胶体是介稳体系？

（1）主要因素：同种胶粒带同种电荷，而同种电荷会互相排斥。

（2）次要因素：分散剂分子对胶粒无规则地撞击，做布朗运动。

思考：怎样让胶体沉淀下来？

答：聚沉。（图3-2-6）

$$
方法\begin{cases} 加入可溶性盐 \\ 加入带异种电荷的胶体 \\ 加热 \\ 搅拌 \end{cases}
$$

图3-2-6 胶体沉淀方法

活动5：分析原因

在盛有红褐色氢氧化铁胶体的U形管的两个管口各插入一个电极，在电极两端加上直流电压后，观察现象，解释产生此现象的原因。（图3-2-7）

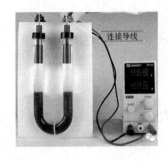

图3-2-7 电泳实验

氢氧化铁胶体向阴极移动，表明氢氧化铁胶粒带正电。

学习胶体后，请你根据性质决定用途的观点，分析下列图示中（图3-2-8）胶体的用途与哪些性质有关，并做出相关注解。

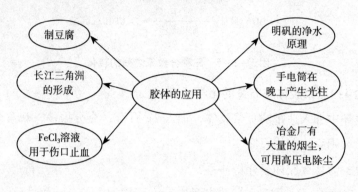

图3-2-8 胶体的用途

【总结】

本节课我学了：

知识层面：分散系及其分类、胶体的性质——丁达尔现象、介稳性、电泳、聚沉。

方法层面：用对比实验证实三种分散系的性质；从宏观实验现象抽象微观本质。

思维层面：分类观、微粒观、变化观。

"分散系及其分类"问卷调查

亲爱的同学：

你好！非常感谢你积极参与本次教学。请你完成问卷调查，非常感谢。

请你根据自己对本节课的课堂体会和看法，对本节课进行客观评价，并认真回答下列问题。我将根据你的反馈和意见进一步改进和完善我的教学。

请根据你的课堂体会和看法选择一个答案，并在相应项目下面的空格中打"√"。谢谢你的支持与配合。（表3－2－3）

表3－2－3　调查表

调查项目	非常同意	同意	一般	不同意	非常不同意
1. 通过本节课的学习，我学会制备悬浊液、胶体和溶液三种分散系					
2. 通过本节课的学习，我学会了鉴别胶体和溶液的方法					
3. 通过本节课的学习，我了解了混合物的分类					
4. 通过本节课的学习，我了解了三种分散系的本质区别					
5. 通过本节课的学习，我初步学会从宏观实验现象抽象微观本质					
6. 通过本节课的学习，我了解了三种分散系之间的关系和转化					
7. 通过本节课的学习，我喜欢与生活密切相关的实验					
8. 通过本节课的学习，我喜欢老师设计的开放性实验情境					
9. 通过本节课的学习，我喜欢老师设计驱动性问题帮助我开展学习					
10. 我喜欢小组合作学习					
11. 对本节课很满意					

老师，我想对您说：

_____

_____。

论 文

设计系列探究实验建构学科基本观念

——以高一化学"分散系及其分类"教学为例

一、问题的提出

化学教学的重要任务是让学生理解基本的化学概念、原理和化学变化的基本规律,认识化学现象的本质,形成有关化学的基本观念,培养学生的思维能力和核心素养。教师要充分领悟科学知识所蕴含的科学方法和基本观念,引领学生进行有意义的建构,使学生在学习知识的同时领悟知识中隐含的思想、方法和观念,以助于学生的终身发展。

通过问卷调查和观课,发现广东省清远市采用的高中化学人教版必修第一册"分散系及其分类"的教学存在两个问题:一是按教材制备 Fe（OH）$_3$ 胶体却忽视了实验现象中本质的挖掘和实验的功能;二是对本节内容的作用与地位认识不充分,忽略了其中承载着基本观念培养和学科方法的教学功能。为此,本节课设计了 4 个探究实验和富有思维深度的问题,解决了教学中存在的 2 个问题,已达学科育人目标。

二、设计理念

"分散系及其分类"在化学必修教学中有重要的地位。学生通过学习,认识物质的性质不仅与物质的结构有关,还与物质的存在状态有关,从而拓宽对混合物分类的认识和研究物质的新视角。学生从微观的角度认识分散系的本质,认识胶体在生产、生活和科技中的应用,理解化学的应用价值。

"分散系及其分类"的学习承载着 3 个重要的教学功能:一是在实验中培养学生量的意识,二是学科观念的培养,三是学科方法的传递。教师讲述基本观念的具体内容，是教授观念性的知识，学生不能真正形成基本观念。本节课改进一个实验、增设两个实验，形成系列探究实验，并设计有思考深度的驱动性问题，从宏观现象中挖掘微观本质，在系列探究实验和驱动性问题中使学生感悟出学科的四个基本观念：分类观、微粒观、变化观和化学价值观。（图 3 - 2 - 9）

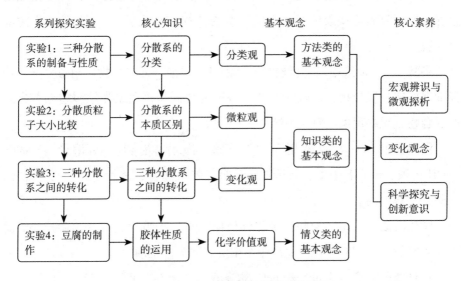

图 3 - 2 - 9　形成基本观念的教学思路

1. 改进一个实验

改进教材中氢氧化铁胶体的制备实验，给定仪器、药品和用品后让学生制备更多的混合物，故意设置"陷阱"，不强调实验操作要点，目的是让学生进行自主探究。实验结果出来后，有学生没有制备出氢氧化铁胶体，教师适时引导学生反思和总结，寻找实验失败的原因，在实验中使学生形成量的意识和严格控制反应条件的习惯，同时建立分类观。

2. 增设两个实验

一个实验是三种分散系之间的转化实验，使学生意识到物质是不断变化的，物质变化随条件不同而不同，进而使学生形成变化观。另一个实验是豆腐的制作，学生从实验中深切感受到化学知识在生活中的应用，有助于形成化学价值观。

三、解决问题的教学实录

1. 改进胶体的制备实验，建立分类观——三种分散系的制备和性质

相同教学内容采用不同的教学呈现方式，学习效果大不相同。"照方抓药"的实验，没有引起学生深层次的思考，学生也没有真正体验科学探究的过程。把"氢氧化铁胶体制备实验"改为"探究性实验"，有助于学生建立分类观。

实验1：请你选用以下仪器和药品制备尽可能多的混合物。制备完毕，请仔细观察这些混合物，比较它们外观特征的异同。再用激光笔照射制备出来的混合物，观察现象。对实验结果进行分类。

供选择的药品与仪器用品：蒸馏水、沸水、饱和 $FeCl_3$ 溶液、1mol/L NaOH 溶液、试管若干支、酒精灯、量筒、胶头滴管、试管夹、火柴、烧杯、三脚架、石棉网。

学生活动：分组实验并记录实验现象。学生小组代表展示实验成果，其他学生倾听、提问和评价。完成学案中混合物分类的填写。

设计意图：有学生用饱和 $FeCl_3$ 溶液和沸水制备了 $Fe(OH)_3$ 浊液和胶体，也有学生用饱和 $FeCl_3$ 溶液与 1mol/L NaOH 溶液制备 $Fe(OH)_3$ 浊液。这些实验结果引起了学生的思考，教师可引导学生关注试剂用量的控制、关注实验条件，为三种分散系的转化埋下伏笔。使学生理解物质性质还与物质的存在状态有关。完善混合物的分类，建立分类观。

学生在实验中产生新的疑问：饱和 $FeCl_3$ 溶液滴入常温的蒸馏水和沸水中为什么形成不同的分散系？在九年级学习的 $Fe(OH)_3$ 是悬浊液而现在却说是胶体，有没有矛盾？通过丁达尔现象消除学生心中的疑问：氢氧化铁既可以是浊液也可以是胶体。但同时又产生新的矛盾：两种不同的分散系有何关系？巧妙地制造了认知冲突的情境，可激发学生进一步思考和学习的兴趣及深层次探究的欲望，开发了学生的潜能。

2. 设置驱动性问题，建立微粒观——用实验的方法比较分散系的分散质粒子大小

教学中设计驱动性问题：用实验方法比较溶液、胶体和悬浊液的分散质

粒子大小。引导学生积极探究，将知识的学习和观念的建构有机地结合在一起，可转变学生的学习方式，更利于学生掌握的知识向能力和学科素养转化。

实验2：设计实验比较溶液、胶体和悬浊液的分散质粒子大小，并用数轴表示三种分散系的分散质粒子大小。

供选择的药品与仪器用品：氢氧化铁沉淀、氢氧化铁胶体、氯化铁溶液、蒸馏水、滤纸、漏斗、铁架台、铁夹、铁圈、烧杯、激光笔、半透膜、玻璃棒、细绳。

学生活动：学生设计实验方案并实验，用数轴表示实验结果。

设计意图：设计驱动性问题引发学生深度思考。实验中，学生真正感受微观粒子的大小，用微粒观分析宏观的实验现象。至此，学生悟出宏观的实验现象背后分散系的微观本质。再通过数形结合进一步深化学生自悟的观念，使学生深刻地理解三种分散系的本质区别，并解决实验1中产生的疑问，突显学科思维方式的形成，有助于学生形成微粒观、变化观，培养了学生宏观辨识和微观探析的化学素养。

3. 设计转化实验，建立变化观

实验3：三种分散系之间的转化。

以 Fe（OH）$_3$ 胶体为例，设计实验说明三种分散系之间的转化关系，并用关系图表示。能发生反应的用化学方程式表示。

学生活动：分别取少量的氢氧化铁胶体于两支试管中，加热一支试管，在另一支试管中逐滴加入稀盐酸至过量，观察现象，并结合实验1，用关系图表示 FeCl$_3$ 溶液、Fe（OH）$_3$ 胶体和 Fe（OH）$_3$ 浊液的转化关系。

设计意图：创设驱动性问题，引导学生自主探究，使学生自己意识到三种分散系可以转化。至此，学生明白了实验1中一些同学用相同的方法但加热时间不同，制备了氢氧化铁浊液和胶体的原因：条件改变了，物质结构或性质也会发生变化。通过图示学生深刻理解了三种分散系的转化关系。帮助学生形成变化观，同时培养学生从特殊现象抽象出一般规律的能力。化学基本观念是学生基于自己的认知基础，对化学科学的深刻理解，是学习者深入思考和内心体验的结果，有利于学生的终身发展。

4. 增设豆腐的制作，建立化学价值观

实验4：自学胶体聚沉的方法，设计实验，用豆浆制作豆腐。

实验药品和用品: 豆浆、食盐、石膏。仪器自选。

学生活动: 在烧杯中加入适量的 80℃豆浆,加入少量石膏或食盐溶液,静置,观察现象。

设计意图: 课前学生查阅自制豆腐的方法,在课中进行实验,从生活走进化学,从化学走向生活。豆腐制成使学生非常兴奋,大大地激发了学生的学习兴趣,学生充分感受化学与生活的密切联系,感受化学对人类生活的重要性,深刻地感受到化学的价值与魅力,建立了价值观。

四、教学问题解决的成效分析

课后采用问卷调查法,调查学生对本节课的反馈与评价。通过纸笔测试评价学生的学习效果,从而获得定量数据。

选取清远市某普通高中中学 113 名学生作为被试对象。调查问卷共 10 题。采用李克特式 5 点量表计分,选项包括:非常同意、同意、一般、不同意和非常不同意。分别记为 5 分、4 分、3 分、2 分、1 分。发放 113 份问卷,回收 113 份问卷,回收率 100%。

1. 调查结果与分析(表 3 - 2 - 4)

表 3 - 2 - 4 学生问卷调查分析

项目	题号	具体项目	答题平均分/分	
知识	1	三种分散系的制备	4.902	4.932
	2	胶体和溶液的鉴别方法	4.961	
分类观	3	混合物的分类	4.961	4.961
微粒观	4	三种分散系的本质区别	4.922	4.844
	5	从宏观实验现象抽象微观本质的思路	4.765	
变化观	6	三种分散系之间的转化	4.824	4.824
价值观	7	与生活密切相关的实验设计的满意度	4.961	4.863
	8	设计开放性实验情境的满意度	4.765	
	9	设计驱动性问题建构学科观念的满意度	4.863	
	10	小组合作学习的满意度	4.863	

2. 三种分散系的制备与胶体性质掌握情况分析

由问卷调查1、2、3题的反馈可知，这三项得分率均在4.9以上，其中题2、题3是问卷调查中得分最高的两题，说明学生对三种分散系的制备、胶体与溶液的鉴别和混合物的分类有清晰的认识，尤其对通过给定仪器、用品和药品制备溶液、胶体和悬浊液有深刻的认识。相同的试剂、相同的用量和相同的操作，加热时间不同制备了不同的分散系，这使学生产生了强烈的认知冲突，并在实验中初步形成了量的意识。接着用激光笔照射三种分散系，观察到不同现象，促使学生探求现象背后的本质。这些都是在实验中驱动学生自觉思考，说明了利用设计系列探究实验和驱动性问题有利于知识的学习、方法和观念的建构，效果良好。

由问卷调查题4的反馈可知，利用设计实验方案探究三种分散系的本质区别，并用数形结合的方法直观形象地表示三种分散系分散质粒子大小的关系，从宏观实验现象到微观本质再到用宏观的数轴表示，自然而然地使学生建立了学科观念：微粒观。

3. 学科观念建立情况分析

问卷调查3、4、5、6、7题得分为4.7以上，题7得分达4.961，说明学生喜欢与生活相关的实验，这样的实验能使学生深刻认识化学与生活、社会的关系。8、9、10题是关于学科观念习得的调查，这三题的得分说明通过系列实验和有思维深度的问题，学生可以自悟出知识背后蕴含的观念。

五、结语

化学观念需要在不断的学习、思考和实践中逐渐丰富、完善和发展。教师必须把握学科知识背后的思想、方法和观念，用心设计真实情境和有意义的驱动性问题，使学生亲身体验化学知识的发现过程和应用价值。通过对具体事实进行思考概括，整理出来观念性认识，使其真正成为学生的观念，有效开发学生的创新潜能，即使学生在必备知识的学习、关键能力的提升过程中，逐步形成科学探究精神和创新意识等学科素养。

参考文献

[1] 中华人民共和国教育部. 普通高中化学课程标准（2017 年版 2020 年修订）[M]. 北京：人民教育出版社，2020.

[2] 人民教育出版社课程教材研究所化学课程教材研究开发中心. 普通高中教科书化学必修第一册 [M]. 北京：人民教育出版社，2019.

[3] 何彩霞. 在把握化学概念本质中促进学科观念建构："分散系及其分类"单元教学的思考 [J]. 北京教育学院学报（自然科学版），2009（3）：62 - 65.

第三节 化学反应速率与限度

课 例

"化学反应速率与限度（第1课时）"教学课件

【学习目标】

1. 通过生活中化学反应快慢的实例，知道化学反应速率的含义，认识改变外界条件可调控化学反应的快慢，引导学生从化学视角看待和解决实际问题，培养学生参与社会决策的意识。

2. 学会用控制变量的思想自主设计实验方案探究影响化学反应速率的因素，概括利用控制变量思想探究化学反应规律的实验设计的思路方法，并尝试迁移应用。

3. 以探究催化剂影响化学反应速率的实验为例，学会应用"实验目的—方案—现象—结论"这一思路设计实验与书写实验报告。

【教学过程】

活动1：

1. 分别列举两个快和慢的化学反应。说说判断化学反应快慢的依据。

2. 想想大家列举的化学反应及图片展示的化学反应，化学反应速率的快慢与我们有什么关系？

3. 结合下列化学反应和你熟悉的化学反应，请思考哪些实验现象可判断化学反应进行的快慢？尽可能规范地表述出来。

$$Zn + H_2SO_4 == ZnSO_4 + H_2\uparrow \qquad Fe + 2FeCl_3 == 3FeCl_2$$

$$Na_2S + Cl_2 == 2NaCl + S\downarrow \qquad CaO + H_2O == Ca（OH）_2$$

定性表征化学反应快慢的实验现象：

① 气泡逸出的快慢 ② 溶液颜色变化的先后

③ 固体量减少的快慢 ④ 出现浑浊的先后

⑤ 气味出现或消失的快慢 ⑥ 温度变化的快慢

活动 2：

1. 结合已有的认识和知识，定量表示化学反应快慢可用哪些物理量？

2. 除了时间外，还可以用哪个物理量的变化量来表述化学反应速率以便于研究？

3. 通过以上分析，请你用自己的语言给化学反应速率下个定义。

4. 通常用物质的量浓度变化量表征化学反应速率的原因是什么？

5. 根据化学反应速率的定义，推理其表达式。根据表达式推理其单位。

化学反应速率：

（1）定义：反应体系的体积是恒定的，通常用单位时间内反应物浓度的减小量或生成物浓度的增加量来表示化学反应的快慢。

（2）计算公式：$v = \dfrac{\Delta c}{\Delta t}$

（3）常用单位：mol／（L·min）或 mol／（L·s）。

活动 3：

反应 $4NH_3（g）+5O_2（g）== 4NO（g）+6H_2O（g）$ 在 5L 的密闭容器中进行，2 分钟后 NO 的物质的量增加了 0.2mol。

物质	NH_3	O_2	NO	H_2O
化学反应速率 （mol·L^{-1}·min^{-1}）	0.02	0.025	0.02	0.03
通过上述运算过程，请你找找其中的规律。	1. 同一反应用不同物质表示反应速率，其数值可能相同也可能不同。 2. 化学反应速率比等于化学方程式计量数比			

注意：

1. 在同一反应体系中用不同的物质来表示反应速率时，其数值可以相同也可以不同，但是这些数值都表示同一个反应的反应速率，即所表示的意义相同。因此化学反应速率的表示必须说明用哪种物质来表示。

2. 用单位时间内物质的量浓度变化表示化学反应速率时，不用固体或纯液体来表示。

思考：

（1）物质的量浓度的变化量可表示哪些状态的物质？

（2）如果用固体物质或纯液体表示化学反应速率，可用哪些物理量？

课堂训练

1. 一定条件下氨的分解反应 $2NH_3 \rightleftharpoons N_2 + 3H_2$，在容积为 2L 的密闭容器内进行，已知起始时氨气的物质的量为 4mol，5s 末为 2.4mol，则用氮气表示该反应的速率为？写出计算过程。

2. 反应 $4A（s）+3B（g）\rightleftharpoons 2C（g）+D（g）$，2min 内 B 的浓度减少 $0.6mol \cdot L^{-1}$，对此反应速率的描述正确的是（ ）。

A. $v（A）=0.4mol \cdot L^{-1} \cdot min^{-1}$

B. 分别用 B、C、D 表示的反应速率的值之比为 3：2：1

C. 在 2min 末的反应速率，用 B 表示为 $0.3mol \cdot L^{-1} \cdot min^{-1}$

D. 在这 2min 内 B 和 C 两物质浓度都是逐渐减小的

3. 将下列表面积和质量相同的金属分别投入 2ml 0.1mol/L 的盐酸中，反应最剧烈的是（ ）。

A. Fe　　　　　B. Al　　　　　C. Mg　　　　　D. Cu

4. 从题 3 说说，影响化学反应速率的因素是什么？

活动 4：

1. 表面积和质量相同的锌铁、分别与相同浓度的盐酸反应，哪个更快？为什么？

2. 酸奶等食物怎样保存才能放更长时间？

3. 常温下实验室用过氧化氢制氧气，如何使反应更快且操作简便？

结合以上问题和生活中的实例，预测：哪些因素影响化学反应速率？具体说明其怎样影响化学反应速率。

影响化学反应速率的因素：

（1）内因：反应物的化学性质。

（2）外因：溶液浓度、温度、催化剂、固体的表面积等。

活动5：

1. 预测催化剂对化学反应速率会产生怎样的影响。请根据提供的试剂，设计实验证实你的想法。写出实验目的、实验步骤、预期现象和结论。（以表格的形式呈现）

试剂：过氧化氢溶液（3%、10%）、$FeCl_3$ 溶液、二氧化锰粉末、蒸馏水。

仪器与用品：试管、药匙、镊子、胶头滴管、量筒、烧杯、气球。

示例：

实验题目：比较（探究）氯气与溴的非金属性强弱。

实验目的	实验操作	预期现象	结论和解释
比较（探究）氯气与溴的非金属性强弱	将少量新制饱和氯水分别盛入有少量 NaBr 溶液的试管中，用力振荡后加入少量四氯化碳，振荡、静置	溶液分两层，下层是橙红色，上层无色	非金属性强弱：$Cl_2 > Br_2$ $2NaBr + Cl_2 =\!=\!= 2NaCl + Br_2$

2. 一个实验的结果受多种因素的影响，你在实验中会采取什么方法？

控制变量、空白对照实验。

条件	改变条件对化学反应速率的影响
温度	升高温度，化学反应速率增大 降低温度，化学反应速率减小
催化剂	加入催化剂，改变化学反应速率
浓度	增加反应物浓度，化学反应速率增大 减小反应物浓度，化学反应速率减小
固体的表面积	增加固体的表面积，化学反应速率增大 减小固体的表面积，化学反应速率减小

【总结】

本节课我学了：

知识层面：化学反应速率的概念及计算，影响化学反应速率的因素及其关系。

方法层面：控制变量、空白对照实验。

思想观念层面：预测（假设）—设计实验方案—实验验证—结论与解释。

【作业】

请根据提供的试剂，设计实验证实影响化学反应速率的因素，并说明这些因素对化学反应速率会产生怎样的影响。写出实验目的、实验步骤、预期现象和结论。（以表格的形式呈现）

试剂：表面积大致相同的铜片、镁片、铁片，过氧化氢溶液（3%、10%），盐酸（$0.5mol \cdot L^{-1}$、$3mol \cdot L^{-1}$），块状碳酸钙、碳酸钙粉末，冷水、热水。

仪器：试管、药匙、镊子、胶头滴管、量筒、烧杯、气球。

"化学反应的速率与限度（第1课时）"学习效果测评

（本测评是教学评一体化的体现）

1.（学习目标1）在2L的密闭容器中发生下面反应：A（g）+2B（g）===3C（g）。经过3min后A的物质的量由10mol变为7mol，则下面表示的反应速率正确的是（　　）。

A. $V_A = 1mol \cdot L^{-1} \cdot min^{-1}$　　　　B. $V_A = 3mol \cdot L^{-1} \cdot min^{-1}$

C. $V_A = 2mol \cdot L^{-1} \cdot min^{-1}$　　　　D. $V_A = 0.5mol \cdot L^{-1} \cdot min^{-1}$

2. （学习目标2）为了说明影响化学反应速率快慢的因素，甲、乙、丙、丁4位同学分别设计了如下4个实验，你认为结论不正确的是（　　　）。

A. 使形状、大小均相同的镁条和铝条与相同浓度的盐酸反应时，两者反应速率相同

B. 在相同条件下，等质量的大理石块和大理石粉末与相同浓度的盐酸反应，大理石粉末反应快

C. 将浓硝酸分别放在冷暗处和强光照射下，会发现光照可以加快浓硝酸的分解速率

D. 在两支试管中分别加入相同质量的氯酸钾，其中一支试管中再加入少量二氧化锰，同时加热，产生氧气的快慢不同

3. （学习目标4）化学反应条件的调控广泛用于工业生产、环保技术、科学研究等方面。下列说法错误的是（　　　）。

A. 可节约原料和能源　　　　B. 可减少对环境的危害

C. 能提高经济效益　　　　　D. 不利于保护资源

4. （学习目标5）碳酸锂广泛应用于陶瓷和医药等领域。以 β - 锂辉石（主要成分为 $Li_2O \cdot Al_2O_3 \cdot 4SiO_2$）为原料制备 Li_2CO_3 的工艺流程（图3 - 3 - 1）如下：

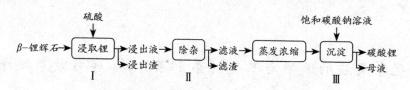

图3 - 3 - 1　制备 Li_2CO_3 的工艺流程

（1）步骤Ⅰ前，β - 锂辉石要粉碎成细颗粒的目的是_____。

5. （学习目标3）某探究性学习小组用锌（有薄片、粉末两种）和一定浓度（有 $1mol \cdot L^{-1}$、$6mol \cdot L^{-1}$）的足量的稀盐酸反应，通过记录收集 100mL 氢气所需时间来判断反应的快慢。根据下列要求设计实验，用表格（表3 - 3 - 1）形式来记录。

（1）探究锌的形态对反应速率的影响。

（2）探究反应温度对反应速率的影响。

（3）探究反应物浓度对反应速率的影响。

表 3－3－1　探究影响反应速率的条件

实验编号	锌的形态	反应温度/℃	盐酸反应浓度和体积	收集 100mL 氢气所需时间/s
1				
2				
3				
……				

论 文

基于信息素养培养的教学设计与实施
——以化学反应速率为例

　　能自觉、有效地获取、评估、鉴别、使用信息是中国学生发展核心素养"三个方面、六大素养、十八个基本要点"中自主发展中的学会学习要点之一。高考评价体系的"一核、四层、四翼"中的"四层"为"必备知识、关键能力、学科素养、核心价值"，其中的"关键能力"是指"支撑终身发展和适应时代要求的能力，具体为认知能力、合作能力、创新能力、职业能力"。教育部考试中心命题专家在解析 2018 年全国高考试题时将"关键能力"具化为可测量的"必须具备的重要认知能力、应用能力和创新能力"。教育部考试中心副研究员单旭峰根据化学学科的特质将"关键能力"细分为"信息获取与加工能力、证据识别与推理能力、模型建构与认知能力、实验操作与探究能力"。课堂是形成关键能力的主阵地。教师须挖掘学科知识的多重价值，以真实情境创设系列问题，培养学生的关键能力，使学生学会自主学习，发展学生的核心素养。本研究以普通高中的学生为研究对象，以人教版《必修 2》"化学反应速率"（第一课时）的教学内容为例，创设真实情境、富有思维价值的问题、评价任务及评价标准，引导学生将知识转变为认识，培养学生必备的关键能力和发展学生的核心素养，实现学科育人目标。

一、教学内容和教学现状分析

在现实的教学中，有些老师不能准确定位《必修2》化学反应速率的教学，往往提前讲授《选修4》的相关内容，如反应速率中较复杂的计算，加重了普通高中高一学生的学业负担。例如，做了反应速率影响因素的分组实验，但学生没有真正理解也不会迁移运用控制变量思想。

已有的化学《必修2》有关化学反应速率的研究主要有三类：一是化学反应速率的实验改进，二是某种理论或理念的化学反应速率的教学设计，三是不同模块、不同版本、不同国家教材的化学反应速率的比较分析与建议（含《选修4》）。这些研究大多没有关注学生的学习基础，没有专门针对普通高中学生即非重点学校的学生学习而进行设计，也没有考虑到每周两节化学课的课时且实验室条件较差的学校的现状。本课是基于学生化学基础较弱、课时紧、实验室条件较差，并根据2017版新课程标准理念设计的。例如，在一个课时内完成以实验现象定性描述化学反应速率的快慢，化学反应速率概念的建构，以控制变量思想进行影响化学反应速率因素的实验设计与分组实验，建立实验目的—实验过程—实验现象—实验结论的逻辑关系。

高中教材人教版《必修2》第三章第三节包括"化学反应速率"和"化学反应限度"两部分内容，分两课时完成。本节课的内容为第一课时"化学反应速率"，该内容是《普通高中化学课程标准（2017版）》中，"主题3：物质结构基础及化学反应规律"的一部分，对化学反应速率的内容要求见表3-3-2。

表3-3-2　不同模块化学反应速率层级结构和认识视角

模块	必修2	选择性必修1：化学反应原理
主题	化学反应的速率与限度	化学反应速率、影响化学反应的因素
内容要求	1. 知道化学反应平均速率的表示方法。 2. 通过实验探究影响化学反应速率的因素。	1. 知道化学反应速率的表示方法。 2. 了解测定化学反应速率的简单方法。 3. 通过实验探究，了解温度、浓度、压强和催化剂对化学反应速率的影响。

续 表

模块	必修 2	选择性必修 1：化学反应原理
内容要求	3. 学习运用控制变量方法研究化学反应。 4. 控制反应条件在生产和科学研究中的作用	4. 知道化学反应是有历程的，认识基元反应活化能对化学反应速率的影响。 5. 认识化学反应速率在生产、生活和科学研究中的重要作用。 6. 知道催化剂可以改变反应历程，对调控化学反应速率具有重要意义
认识视角	定性—定量 宏观表征—符号表征	定性—定量、宏观—微观 宏观表征—符号表征—微观表征—图像表征

　　具体的学业要求为：能从化学反应限度和快慢的角度解释生产、生活中简单的化学现象。能运用控制变量的方法探究化学反应速率的影响因素，能初步解释化学实验和化工生产中反应条件的选择问题。

　　化学教材《必修 2》和《选修 4》都呈现了化学反应速率这一核心概念，其功能与定位是不同的。因此准确把握《必修 2》的深度广度很重要。2017 版课标中对于两节课的要求，都设置了通过实验探究化学反应速率的影响因素的内容，其中影响因素中的浓度与压强是选修内容，两本教材均有温度、催化剂对化学反应速率的影响探究，但要求不同。《选修 4》教材中催化剂的影响有 1 个实验 3、个科学探究，从催化剂的选择性、自催化反应等角度展开，并在活化能的基础上运用有效碰撞理论。过渡态理论等，对影响化学反应速率的各种因素进行解析。从必修到选修，是一个从定性到定量、感性到理性不断螺旋上升的过程，符合学生的认知规律。紧扣 2017 版的《普通高中化学课程标准》主题和学业要求，准确定位本节课的素养目标，对化学反应速率的计算不宜做过多的拓展。对化学反应速率的概念教学重在通过生活生产科技中有关化学反应快慢的实例，帮助学生建立从"快慢"认识化学反应的基本角度，学习运用控制变量方法研究化学反应。

二、学情分析

　　已有基础：九年级的化学学习了金属与酸反应的快慢，铁丝与空气、氧气的反应，也学了用过氧化氢和二氧化锰制氧气，学生对化学反应速率和催化剂有感性的认识。八年级物理也学习了速度用以表示物体运动的快慢及其计算公式。

存在问题：

（1）有些学生知道控制变量这个名称，但设计实验时对自变量、因变量的逻辑关系缺乏理解。

（2）学生在目的明确的前提下会调动某一变量，却不能自如地控制其他变量。学生按教材"照方抓药"地完成实验，而不是从"调单一变量、控其他变量"的思维视角进行设计。所以，完成实验得出结论并不能证明学生应用控制变量法。

（3）学生能预测影响化学反应速率的因素与结论的关系，但他们设计实验方案思路不清晰，没建立实验目的、实验过程、实验现象和实验结论的逻辑关系。

（4）学生不会书写完整的实验报告。

（5）学生化学表征能力不强。

（6）学生获取信息能力不强，将新信息与已有知识关联进而用以解决问题的能力有待提高。

三、设计理念

良好的教学情境不仅能激发学生的学习兴趣，还能揭示知识产生的背景和条件。同时，它还能帮助学生明确知识的指向性，产生具有迁移价值的一般性知识，揭示学科问题，并弘扬学科价值等。化学学科的关键能力为：信息获取与加工能力、证据识别与推理能力、模型建构与认知能力、实验操作与探究能力。因此，本节课精心选择情境、设计富有思维深度的驱动问题，在传授必备知识的同时培养学生的关键能力，进而发展核心素养。（图3-3-2）

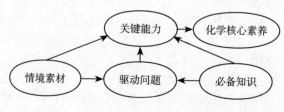

图3-3-2　设计思路

根据教材内容、2017 版《普通高中化学课程标准》学业质量评价标准制定本课时可评价的素养目标，以主题 3 物质结构基础与化学反应规律的内容要求 3.3 和学业要求 4 确立达成路径，以课程标准教学提示确立教学方式和核心活动，并由此形成评价任务和评价标准，进而形成本节课的教学策略。

策略 1：通过类比的方法建构化学反应速率的概念和定量表示方法，培养学生定量研究化学反应的意识，发展学生对化学反应快慢的深层理解。

策略 2：利用食物腐败等生活经验，通过讨论主动预测某方面的因素（内因或外因）对化学反应速率影响。学生通过对化学反应速率的影响因素的探究活动，学会"确定自变量、选取因变量、选择表征形式、描述规律的建构变量关系模型的科学方法"，发展运用变量控制的思想设计探究实验的能力。

策略 3：通过"探究催化剂对化学反应速率的影响"的实验方案设计和分组实验，开展推论预测和设计论证活动，使学生建立实验目的、实验过程、实验现象和实验结论之间的逻辑关系，培养学生证据识别与推理能力、模型建构与认知能力、实验操作与探究能力等。

通过示例的学习，发展学生信息获取与信息加工能力，发展学生实验方案设计和实验结论的论证能力，为学生研究化学反应提供思路和方法。

本节课还提供了充足的实验事实和汽车安全气囊的膨胀、食物腐败如酸奶的保存等生活中与化学反应速率有关的现象，设计问题使学生形成认知冲突，帮助学生建立概念，进而巩固和应用概念。为下一课时和《选修 4》的学习打下坚实的基础。

四、教学目标

从课程目标、学习内容、学业要求、学情（非重点中学的学生、每周两节化学课的课时）和发展学生的核心素养来分析，一个课时难以完成这些学习目标。由于催化剂在调控化学反应速率中起重要作用，且在生活、生产和科技中应用广泛，所以本节课在学习运用控制变量方法研究化学反应时以催化剂为例，将温度对化学反应速率的影响的探究实验放在课后学习，进行检测与评价。

五、设计思路

化学视角对培养学生的科学思维方式和发展学生化学素养价值具有极为重要的作用。学习的另一种含义：学即获取信息；习是"思考推理、实践应用与推演训练的内化过程"。而化学视角能很好地培养学生的学习能力，由此我确立了从化学反应的快慢的学习过程培养学生的学习能力，促进学生认识发展的设计思路。（图3-3-3）

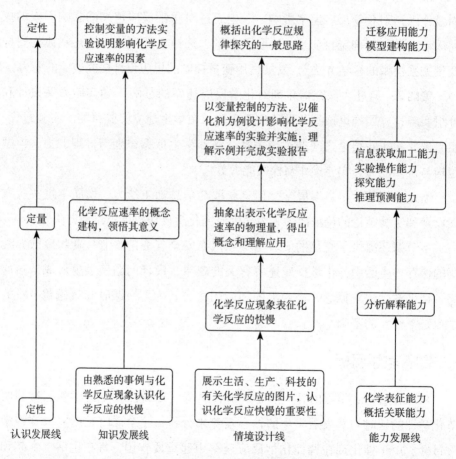

图3-3-3　促进学生认识发展的设计思路

六、教学过程

环节一：定性认识化学反应的快慢（表3-3-3）

表3-3-3　定性认识化学反应的快慢

任务活动	问题驱动	认识发展目标	能力发展目标	评价标准
初步从定性的角度认识化学反应的快慢	分别列举两个快和慢的化学反应。说说判断化学反应快慢的依据	1. 从学生熟悉的例子定性认识化学反应的快慢。 2. 明确化学反应快慢是相对而言的	培养学生的概括关联能力、说明论证能力	1. 列举的例子是否是化学反应。 2. 能选择参照物做比较。是否明确化学反应快慢是相对的
展示铁桥生锈、食物变质、塑料老化、汽车安全气囊膨胀和建筑物定向爆破图片，体会化学反应快慢与我们的关系	想想大家列举的化学反应及图片展示的化学反应，与我们有什么关系？	体会从快慢去认识和调控化学反应的重要性	通过化学反应快慢与真实情景素材之间的联系，引导学生从化学视角看待和解决实际问题	1. 描述化学反应的快慢与生活、生产与科技的关系。 2. 认识根据实际需要调控化学反应快慢的重要性
学会以实验现象定性表征化学反应的快慢	以熟悉的化学反应思考有哪些实验现象表示化学反应的快慢，尽可能规范地表述出来	学会以规范的化学语言科学表述化学反应的快慢	发展学生的化学表征能力和分析能力	1. 表述化学反应快慢的实验现象是否准确、全面。 2. 化学反应快慢与实验现象的逻辑关系是否对应

　　学生说出气泡逸出的快慢、溶液颜色变化的先后、固体或浑浊出现的快慢，但没有说出温度变化的快慢和气味出现或消失的快慢这两种现象，说明学生对前一节化学反应与热能的知识不会迁移应用。

　　引导学生从熟悉的生产生活例子认识化学反应的快慢，领悟化学的实用性和重要性，关注生产生活中的化学问题。同时，引导学生学会用实验现象科学地表征化学反应快慢，较好地培养学生的理解能力和表述能力。

环节二：建构化学反应速率的概念（表3-3-4）

表3-3-4　建构化学反应速率的概念

任务活动	问题驱动	认识发展目标	能力发展目标	评价标准
从定量的角度认识化学反应的快慢，建构化学反应速率的概念	1. 结合已有的认识和知识，说说定量表示化学反应快慢可用哪些物理量。 2. 除了时间外，还用哪个物理量的变化量来表述化学反应速率，以便于研究？ 3. 通过以上分析，请你用自己的语言给化学反应速率下个定义。 4. 通常用物质的量浓度变化量表征化学反应速率的原因是什么？	认识化学反应快慢：定性表征—定量表征	培养学生的分析归纳能力，发展学生的化学表征能力	1. 说出表征化学反应速率的两个物理量：时间、物质的量浓度、质量、体积等。 2. 说明两个物理量之间的关系
理解化学反应速率的含义，学会化学反应速率的简单计算	1. 根据化学反应速率的定义，推理其表达式。根据表达式推理其单位。 2. 以氨的催化氧化为例，体会化学反应速率的简单计算及其意义	1. 理解化学反应速率的概念。 2. 化学反应速率的定量表征—符号表征。 3. 明确化学反应速率表示的意义	发展学生用化学知识解决实际问题的能力	1. 能根据定义写出化学反应速率的计算式并推理其单位。 2. 以合成氨的练习检测学生是否学会用化学反应速率公式进行简单计算

反应 $4NH_3(g)+5O_2(g) \rightleftharpoons 4NO(g)+6H_2O(g)$ 在 5L 的密闭容器中进行，2min 后 NO 的物质的量增加了 0.2mol。（表3-3-5）

表 3 - 3 - 5　NO 的物质的量的标年化

物质	NH$_3$	O$_2$	NO	H$_2$O
化学反应速率 1（mol·L^{-1}·min^{-1}）				
通过上述运算过程，请你找找其中的规律				

课堂训练：一定条件下合成氨的反应 N$_2$ + 3H$_2$ $\rightleftharpoons$ 2NH$_3$，在容积为 2L 的密闭容器内进行，已知起始时氮气的物质的量为 4mol，5s 末为 2.4mol，则用氨气表示该反应的速率为？写出计算式。

学生根据自己的理解初步表述化学反应速率的定义：一段时间内浓度（质量或体积）的变化量。没有分别从反应物和生成物的角度来定义，"一段时间"不够严谨，对此教师给予提示：回忆摩尔质量、物质的量浓度的定义，这两个概念与化学反应速率都是以比值表示的，从中找到相似点，再修改自己下的定义。提示后学生能准确说出化学反应速率的定义。通过化学反应速率定义的建构与理解，使学生对化学反应快慢的认识从感性上升到理性、从定性上升到定量，从而培养学生分析推理能力。

环节三：通过实验探究影响化学反应速率的因素（表 3 - 3 - 6）

表 3 - 3 - 6　探究影响化学反应速率的因素

任务活动	问题驱动	认识发展目标	能力发展目标	评价标准
通过学生熟悉的化学反应与事例预测影响化学反应速率的因素	（1）表面积和质量相同的锌、铁分别与相同浓度相同体积的盐酸反应，哪个更快？为什么？（2）酸奶等食物怎样保存才能放更长时间？（3）常温下实验室用过氧化氢制氧气，如何使反应更快且操作简便？	从学生熟悉的现象预测：影响化学反应速率的因素，以及这些因素与化学反应速率的关系	培养学生的分析能力，发展学生的化学表征能力	1. 从（1）推理影响化学反应速率的内因：反应物的化学性质。从（2）（3）推理影响化学反应速率的外因：催化剂、温度。2. 科学规范地表述这三个影响因素与化学反应速率的关系，并体现控制变量的思想

任务活动	问题驱动	认识发展目标	能力发展目标	评价标准
	（4）结合以上问题，预测哪些因素影响化学反应速率，具体说明其怎样影响化学反应速率			
分组用控制变量的方法设计实验证明影响化学反应速率的因素。以催化剂为例，进行实验，小组代表汇报成果	请根据提供的试剂，设计实验证明催化剂对化学反常速率的影响，并实施实验。仿照示例完成实验报告	1. 发展运用控制变量方法设计实验的能力。 2. 发展运用对照实验说明实验结论的能力。 3. 学会书写规范的实验报告	培养推理预测能力、实验操作与探究能力、信息获取能力、信息加工能力、化学表征能力和有效沟通合作学习能力	1. 能选择合适的化学反应验证催化剂对化学反应速率的影响。 2. 能正确控制自变量、因变量。 3. 能选择合适的实验现象说明实验结论。 4. 按实验目的—实验过程—实验现象—实验结论这一思路书写实验报告

环节四：概括"探究化学反应规律"的一般思路（表3－3－7）

表3－3－7　"探究化学反应规律"的一般思路

任务活动	问题驱动	认识发展目标	能力发展目标	评价标准
控制变量和空白对照实验	1. 一个化学反应的结果受多种因素的影响，你会采取什么方法？ 2. 说说你设计影响化学反应速率因素的实验时使用控制变量法的思路	1. 提炼"控制变量法设计化学实验的核心要素"及明确核心要素之间的关系。 2. 学会用控制变量法设计化学实验	发展学生运用控制变量法设计实验的能力	1. 选择一个合适的化学反应。 2. 明确实验中要控制的变量和需探究的因素。 3. 明确表征化学反应快慢的现象。 4. 结论与现象对应。 5. 设计了对照实验

续 表

任务活动	问题驱动	认识发展目标	能力发展目标	评价标准
强化规范书写实验报告的思路	规范地完成实验报告有哪些要素？	建立实验目的、实验过程、实验现象和实验结论间的逻辑关系	培养模型构建能力	明确实验目的、实验过程、实验现象和实验结论的关系

学生实验时，由于教师没有提示实验步骤，有 3 个小组的学生不会使用气球收集氧气，观察气球的膨胀快慢来表征化学反应速率。经提示才明白气球的作用。另有 4 组同学没有设计对照实验。小组汇报实验设计方案和结果时，选择一组有对照实验的同学汇报，这组同学说明了用对照实验的原因，其他同学顿时明白了。老师及时评价学生的实验设计。

预测催化剂对化学反应速率的影响并进行实验，分析推理，引导学生建立观点、结论与证据之间的逻辑关系，以分析、推理等方法认识变量控制法与实验探究的本质特征、构成要素及其相互关系，建立认知模型进而发展化学核心素养。

作业：请你设计实验说明外因对化学反应速率的影响。写出实验目的、实验步骤、预期现象和结论。（以表格的形式呈现）

试剂：表面积大致相同的锌片、铁片，10% 的过氧化氢溶液，$0.1mol \cdot L^{-1}$ 盐酸、$3.0mol \cdot L^{-1}$ 盐酸，块状碳酸钙、碳酸钙粉末，冷水、热水。

仪器和用品：试管、药匙、镊子、胶头滴管、量筒、烧杯、气球。

设计意图：检测学生是否会用思维模型解决问题，如用控制变量法设计实验、有序完成化学反应规律探究实验设计。

七、教学效果分析与反思

1. 学习情境的选择

情境不仅是学科问题的依托，也是培养学生高阶思维、实践能力的重要环节。本节课选择了学生熟悉的事例如铁桥生锈、食物变质、塑料老化、汽车安全气囊的膨胀和建筑物定向爆破，建立定性认识化学反应的快慢的桥梁，使学生认识到化学应用的广泛性、化学与生活生产息息相关。

例题及习题的素材用了工业生产的合成氨和硝酸工业制法中的氨的催化氧化反应，意在使学生了解化学知识在实际生活生产中的应用。

2. 影响化学反应速率的实验选择

因本节课的学习任务重、学生基础不太好。选择了催化剂作为设计实例，同时分组实验，原因如下：

（1）如果以温度为例设计实验，加热时间长，如果不在课堂加热，课前准备热水，分发热水耗费较多时间。

（2）催化剂在调控化学反应速率生产、生活和科技中应用广泛。

（3）实验耗时短。同时将教材中的实验稍作改进，用气球收集氧气，操作简便、现象明显。温度、浓度、固体表面积对化学反应速率的影响的实验设计在课外完成，作为对学生对控制变量法、设计实验方案的思路、证据推理与模型建构素养的检测。

3. 示例的设计意图

信息素养是信息时代公民必备的素养，信息素养也是自我学习、终身学习的必备素养。为培养学生的信息素养和自学能力，本课节选了广东高考题中探究实验的一部分作为示例。通过学习学生熟悉的元素的非金属性强弱的比较实验设计，以及小组讨论，提炼了实验目的、实验步骤、预期现象、结论与解释的逻辑关系。此方法意在培养学生获取信息、加工处理信息、信息迁移能力，同时帮助学生建立实验目的、实验步骤、实验现象和实验结论间的逻辑关系。此外，还发展了学生运用控制变量思想设计实验的能力，引导学生概括出化学反应规律探究的一般思路。

4. 课后检测与评价

设计课后检测的依据是：根据课程标准中的内容要求、学业要求、教材内容与学情来制定的教学目标或学习目标，再根据教学目标或学习目标来制定精准的试题进行检测。依据此方法制定的试题能准确评价学生的学科能力和学科素养的达成度。

在温度对化学反应速率影响的实验设计中，仍有学生选用过氧化氢分解的反应，也用学生选择金属与酸的反应、块状碳酸钙与盐酸的反应。通过学生的自主选择，让学生体会一个化学反应可以探究多个影响因素，一个影响因素可以由多个化学反应来验证。

学业要求是学生学习评价的重要依据，此实验是对学生学习控制变量思想下的探究实验设计的评价任务，它是检验教学目标是否达成的学习活动。教中有学，学中有评，评价与学习同构，从而实现"教学评一体化"的自然融通。学习不是把外部知识直接输入到内部心理的过程，而是学生在已有经验的基础上，通过与外部环境的互动开展主动建构的过程。

八、结语

信息素养是一种学习能力，知识蕴含于信息中，学生经过接收、处理、加工，才能生成自己的知识及建构知识。本课以必备知识为基础，以学科素养为导向，以真实情境为背景，精心设计富有思维深度的驱动问题、评价任务和评价标准，较好地培养了学生的关键能力和信息素养。使学生在学习中获得价值体验，进而形成积极的价值观，即用化学知识正确评价社会现象，正确认识化学对社会发展、科技进步的作用，进而自觉参与有关化学问题的社会实践活动，从而培养核心素养，养成终身学习的习惯。

参考文献

［1］人民教育出版社课程教材研究所化学课程教材研究开发中心．普通高中课程标准实验教科书化学（必修2）［M］．北京：人民教育出版社，2007．

［2］中华人民共和国教育部．普通高中化学课程标准（2017版）［M］．北京：人民教育出版社，2018．

［3］王磊．基于学生核心素养的化学学科能力研究［M］．北京：北京师范大学出版社，2017．

［4］徐泓．不同模块和不同版本教材"化学反应速率"的比较研究与教学建议［J］．化学教育，2012（10）：9-12．

［5］龚国祥，马春生，刘江田．"化学反应速率"单元教材分析和核心内容教学活动设计［J］．化学教育，2012（3）：12-16，24．

［6］王寿红，何彩霞．不同版本高中化学教材"化学反应速率"内容编写特点对比分析［J］．中学化学教学参考，2012（4）：40-43．

第四节 认识有机化合物

课 例

"认识有机化合物（第 2 课时）"教学课件

【学习目标】

1. 通过生活中的有机物，如护肤品和部分烃的熔点、沸点和密度数据表和作图，学会分析烷烃的物理性质及物理性质递变性。

2. 通过分子模型认识甲烷的结构特点和化学性质，能判断甲烷分子发生化学反应的断键和成键部位，能正确书写相应的化学方程式。

3. 通过分子模型模拟甲烷与氯气反应的断键与成键，观看甲烷与氯气反应的实验视频，认识取代反应及其特点，初步学会判断取代反应。

4. 通过自由基反应的信息和一定时间内甲烷与氯气反应各物质的含量分析，使学生认识取代反应的微观本质。

5. 通过类比的方法学习烷烃的结构与化学性质，明确烷烃分子发生化学反应的断键和成键部位。

【教学过程】

活动 1：

天然气、沼气和煤层气的主要成分是甲烷。护肤品、医用软膏中的凡士林和蜡烛、蜡笔中的石蜡，其主要成分是含碳原子数较多的烷烃。

下表列举了部分烷烃沸点和相对密度。请你根据表中给出的数据作图。

部分烷烃沸点和相对密度：

名称	相对分子量	熔点/℃	沸点/℃	相对密度
甲烷	16	−182.5	−161.5	0.466
乙烷	30	−183.3	−88.6	0.572
正丁烷	58	−138.4	−0.5	0.5788
正戊烷	72	−129.8	36.0	0.6262
壬烷	138	−51	150.8	0.718
十一烷	156	−26	194.5	0.741
十六烷	216	18.2	287.5	0.774
十八烷	254	28.2	317.0	0.775

注：

1. 请你根据表中给出的数据，以分子中碳原子数为横坐标，以熔点、沸点或相对密度为纵坐标，制作分子中碳原子数与熔点、沸点或相对密度变化的曲线图。

2. 请结合生活经验、初中化学的有关知识和绘制的曲线图，想一想，烷烃可能具有哪些物理性质，研究一种物质的物理性质主要研究哪些性质。

烷烃物理性质递变规律：

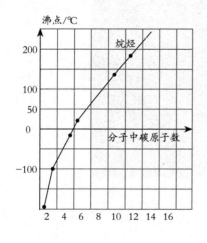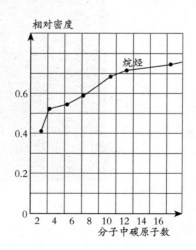

1. 烷烃的物理性质

（1）无色，难溶于水，易溶于汽油、乙醇等有机溶剂，其熔点、沸点和密度一般随着碳原子数（相对分子质量）增大而升高。

（2）在常温下烷烃由气态变为液态、固态。

（3）物质的物理性质主要有颜色、状态、溶解性、熔点、沸点和密度。

2. 甲烷

（1）物理性质

① 在通常状况下，甲烷是一种无色、无气味的气体。

② 密度比空气小，在标准状况下，是 $0.717g \cdot L^{-1}$。

③ 极难溶解于水。

根据甲烷的物理性质，推测甲烷的收集方法：由于甲烷密度比空气小，用向下排空气法收集；由于甲烷难溶于水，用排水法收集。

甲烷是在隔绝空气的情况下，由植物残体经过微生物发酵的作用而生成的。甲烷还是池沼底部产生的沼气的主要成分，煤矿的坑道所产生的气体（坑道气或瓦斯）的主要成分，海底可燃冰的主要成分，天然气和家庭用石油气的主要成分。

（2）甲烷在自然界的存在形式（图 3 - 4 - 1）

甲烷是沼气、油田气、坑道气、天然气、可燃冰的主要成分。

图 3 - 4 - 1　形式——可燃冰

（3）可燃冰

可燃冰主要分布于深海中，是由天然气与水在高压低温条件下形成的类冰状的结晶物质。因其外观像冰一样而且遇火即可燃烧，被称作"可燃冰"（图3-4-2）。中国南海与青藏高原发现的可燃冰至少有350亿吨油当量。

有专家预测，可燃冰至少能为人类提供1000年的能源，它有望取代煤、石油和天然气，成为"21世纪的新能源"。

图 3 - 4 - 2 可燃冰

3. 甲烷的分子构成和空间结构

分子式：CH_4

电子式：

$$H\overset{\displaystyle H}{\underset{\displaystyle H}{:\overset{..}{\underset{..}{C}}:}}H$$

结构式：

$$H-\overset{\displaystyle H}{\underset{\displaystyle H}{\overset{|}{\underset{|}{C}}}}-H$$

结构模型

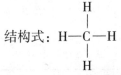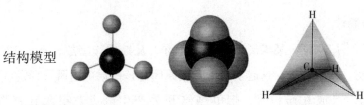

甲烷结构特点：

（1）以碳原子为中心，4个氢原子为顶点的正四面体。（5个原子不共面）

（2）4个C—H键的键长和键能相等，键角相等。

4. 甲烷的化学性质

观察实验视频：甲烷与酸性高锰酸钾溶液、氯水、溴水等混合。说明甲烷的化学性质。

现象：甲烷不能使酸性高锰酸钾溶液、氯水、溴水等褪色。

化学性质：通常情况下，甲烷比较稳定，一般不与强酸、强碱和强氧化剂等反应。（图3－4－3）

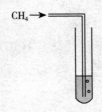

图3－4－3　甲烷稳定性实验

活动2：

请结合生活经验、初中化学的有关知识和甲烷的结构预测甲烷可以和哪些物质反应，说说预测依据。已知键能：O—H 为 463kJ/mol，C—H 为 413kJ/mol。

反应物质和反应条件			
反应的化学方程式			
预测依据			
用途			

1. 瓦斯爆炸

2011年3月24日，某煤矿发生了一起重大瓦斯爆炸事故，造成13人死亡、6人受伤。初步分析，这起事故的直接原因是该矿局部通风管理混乱，随意开停风扇，造成瓦斯积聚，带电维修开关产生电火花引起瓦斯爆炸。（图3－4－4）

图 3 - 4 - 4　瓦斯爆炸

2. 甲烷的化学性质

瓦斯爆炸是一定浓度的甲烷和空气中的氧气在一定温度作用下产生的剧烈的氧化反应。

（1）氧化反应

现象：发出淡蓝色火焰，放出大量的热。（图 3 - 4 - 5）

注意：①点燃前要检验甲烷的纯度；②有机反应方程式用"→"，不用"＝＝＝"。

图 3 - 4 - 5　氧化反应

（2）分解反应

反应方程式为 $CH_4 \xrightarrow{1000℃} C + H_2$（隔绝空气）。

氢气是合成氨及汽油的原料，炭黑是橡胶的原料。

活动 3：

1. 已知氯气和甲烷在光照的条件下可以发生反应，请你用球棍模型模拟反应过程，说明反应过程的断键、成键情况。

2. 观看甲烷和氯气反应的视频，观察实验现象并填写下表，验证模拟断键、成键的预测是否正确（可填满也可不填满）。

现象	结论	化学键变化	官能团变化	物质转化

取 2 支硬质大试管，通过排饱和食盐水的方法分别先后各收集半试管甲烷和半试管氯气，分别用铁架台、铁夹和铁圈固定好，如图 3 - 4 - 6 所示。其中 1 支试管用预先准备好的铝箔套上，另一支试管放在光亮处。片刻后，比较 2 支试管中的物质。

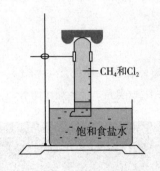

图 3 - 4 - 6　收集甲烷和氯气

问题：

1. 你从实验中得到哪些信息？

2. 从所得的实验信息中你能得到哪些结论？

现象	产物或结论	化学键变化	官能团变化	物质转化
1. 气体的黄绿色逐渐变浅甚至褪去				
2. 试管壁上出现油珠，油珠向下滑落并沉入水底				
3. 试管中有少量白雾，试管内的液面上升				

动画模拟甲烷与氯气反应的微观本质。

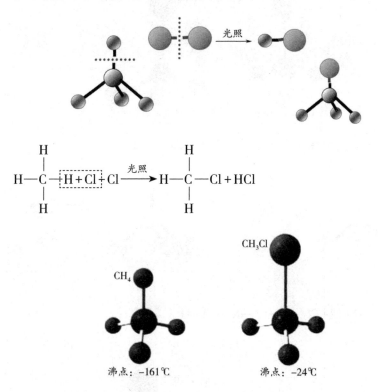

沸点：-161℃　　　　　　沸点：-24℃

请仿照生成一氯甲烷的化学方程式，尝试写出一氯甲烷与氯气进一步反应的化学方程式。

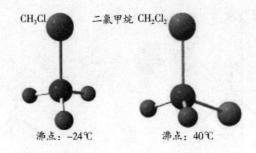

CH₃Cl   二氯甲烷 CH₂Cl₂

沸点：-24℃   沸点：40℃

请你写出二氯甲烷与氯气进一步反应的化学方程式。

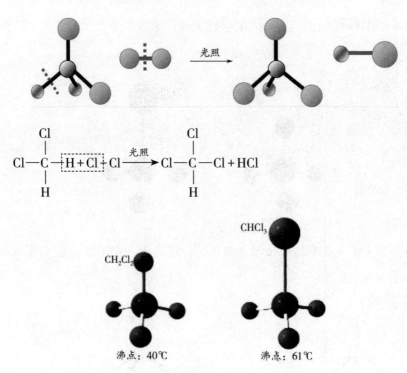

$$\underset{\underset{H}{|}}{\overset{\overset{Cl}{|}}{Cl-C}}-\boxed{H+Cl}\!\!+\!Cl \xrightarrow{\text{光照}} \underset{\underset{H}{|}}{\overset{\overset{Cl}{|}}{Cl-C}}-Cl+HCl$$

CHCl₃

CH₂Cl₂

沸点：40℃   沸点：61℃

请您写出三氯甲烷与氯气进一步反应的化学方程式。

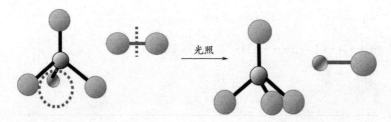

100

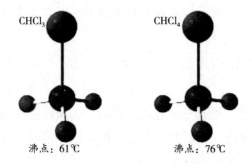

$$Cl-\underset{\underset{Cl}{|}}{\overset{\overset{Cl}{|}}{C}}-\boxed{H+Cl}+Cl\xrightarrow{\text{光照}} Cl-\underset{\underset{Cl}{|}}{\overset{\overset{Cl}{|}}{C}}-Cl+HCl$$

四氯甲烷(四氯化碳)

CHCl$_3$

沸点:61℃

CHCl$_4$

沸点:76℃

化学方程式:

1. $CH_4 + Cl_2 \xrightarrow{\text{光}} CH_3Cl + HCl$

2. $CH_3Cl + Cl_2 \xrightarrow{\text{光}} CH_2Cl_2 + HCl$

3. $CH_2Cl_2 + Cl_2 \xrightarrow{\text{光}} CHCl_3 + HCl$

4. $CHCl_3 + Cl_2 \xrightarrow{\text{光}} CCl_4 + HCl$

活动4:

1. CH_4 与 Cl_2 能否通过一步反应直接生成 CH_2Cl_2、$CHCl_3$ 或 CCl_4?

已知:① $Cl_2 \xrightarrow{\text{光}} 2Cl\cdot$ (高能量的自由基)

$Cl\cdot + CH_4 \longrightarrow CH_3\cdot$ (高能量的自由基) + HCl

$CH_3\cdot + Cl_2 \longrightarrow CH_3Cl + Cl\cdot$

$CH_3\cdot + Cl\cdot \longrightarrow CH_3Cl$

② 同时断开两个或两个以上 C—H 键的 $\cdot CH_2\cdot$、$\cdot\overset{\cdot}{C}H\cdot$ 等不存在。

③ 两个自由基可以结合成分子。

2. 是否 CH_4 与氯气反应全部生成 CH_3Cl 后,CH_3Cl 才能继续反应生成 CH_2Cl_2、$CHCl_3$、CCl_4?

将 CH_4 与 Cl_2 以物质的量之比 1:2 混合反应,2min 测得各种有机物的含量如下表所示。

101

物质	CH_4	CH_3Cl	CH_2Cl_2	$CHCl_3$	CCl_4
含量	50%	26%	10%	9%	3%

取代反应:

（1）反应条件：光照。但要避免日光直射，因为光太强会使反应迅速进而发生爆炸。

（2）反应物状态：纯卤素。例如甲烷与溴水不反应，与溴蒸气见光发生取代反应。

（3）甲烷的取代反应是分步且连锁进行的，所以甲烷与氯气的反应会得到五种产物：一氯甲烷（CH_3Cl）、二氯甲烷（CH_2Cl_2）、三氯甲烷（$CHCl_3$）、四氯甲烷（CCl_4，又称四氯化碳）、HCl（最多）。

活动5：

类似甲烷与氯气的反应，称为取代反应，请你用自己的语言说说取代反应的含义。

有机化合物分子里的某些原子（或原子团）被其他原子（或原子团）所代替的化学反应称为取代反应。

下列反应属于取代反应的是（   ）。

A. $CH_3CH_2Br + NaOH \xrightarrow{\triangle} CH_3CH_2OH + NaBr$ 原子被原子团代替

B. $CH_2 = CH_2 + Br_2 \longrightarrow CH_2Br - CH_2Br$

C. $CH_3CH_2OH + HBr \xrightarrow{\triangle} CH_3CH_2Br + H_2O$ 原子团被原子代替

D. $C_2H_5OH + CH_3COOH \rightleftharpoons CH_3COOC_2H_5 + H_2O$ 原子团被原子团代替

活动6：

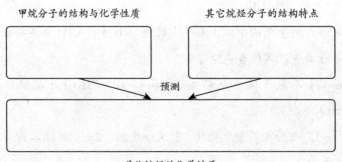

其他烷烃的化学性质

问题：

1. 通过类比甲烷的结构与化学性质，推测烷烃分子结构与化学性质。

2. 用通式表示烷烃发生燃烧反应的化学方程式。

3. 以乙烷为例，写出乙烷在光照的条件下与氯气反应生成一氯乙烷的化学方程式，此反应有几种有机产物，分别写出有机产物的结构简式。

4. 以 $CH_3CH_2CH_2CH_3$ 为例，写出其分解反应的化学方程式。（已知：C—H 为 414kJ/mol，C—C 为 345.6kJ/mol）

1. 氧化反应

用烷烃的分子通式表示其发生燃烧反应的化学方程式：

$$C_nH_{2n+2} + \left(\frac{3n+1}{2}\right)O_2 \xrightarrow{\text{点燃}} nCO_2 + (n+1)\ H_2O$$

通常情况，烷烃一般不与强酸、强碱和强氧化剂反应。

2. 取代反应

$$CH_3—CH_3 + Cl—Cl \xrightarrow{\text{光照}} CH_3CH_2Cl + HCl$$

3. 裂化反应、裂解反应（深度裂化）

$$C_{16}H_{34} \xrightarrow[\text{加热、加压}]{\text{催化剂}} C_8H_{18} + C_8H_{16}$$

$$C_8H_{18} \xrightarrow[\text{加热、加压}]{\text{催化剂}} C_4H_8 + C_4H_{10}$$

$$CH_3CH_2CH_2CH_3 \xrightarrow[\text{加热、加压}]{\text{催化剂}} CH_3—CH_3 + CH_2 = CH_2\ (\text{乙烯})$$

$$CH_3CH_2CH_2CH_3 \xrightarrow[\text{加热、加压}]{\text{催化剂}} CH_4 + CH_2 = CH—CH_3\ (\text{丙烯})$$

烷烃的裂化（裂解）反应用于石油化工和天然气生产，从烷烃可得到一系列重要的化工基本原料和燃料。

【总结】

本节课我学了：

知识层面：

（1）烷烃（甲烷）的物理性质。

（2）甲烷的存在、结构和化学性质。（反应时的断键、成键部位）

（3）烷烃的化学性质。

方法层面：

（1）研究物质物理性质的角度。

（2）研究物质的一般思路：物理性质、结构、化学性质、用途。

（3）有机物的化学性质：结构决定性质。

思维层面（图3-4-7）：

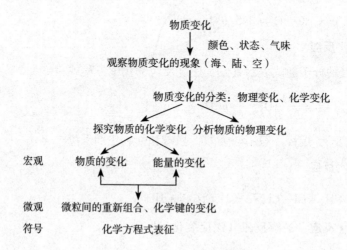

图3-4-7 多角度认识物质变化

【作业】

1. 设计一个简单实验证明甲烷与氯气发生了取代反应。

2. 完成下表：

化学式	CH_3Cl	CH_2Cl_2	$CHCl_3$	CCl_4
名称（俗名）				
溶解性				
常温状态				
用途				

3. 请仿照甲烷与氯气的反应，写出甲烷与溴（气态）在光照下发生反应的化学方程式。

论　文

设计问题链，培养学科素养

——以人教版"认识有机化合物"第二课时为例

　　课堂教学中以必备知识为载体，创设生活实践情境和学术探索情境，设计问题链，实施学习活动和评价活动，能有效地培养学生的关键能力和化学素养。以人教版高中化学第二册第七章第一节"认识有机化合物"第二课时为例说明素养目标下教学评一致性的设计方法。

一、教学现状与教学内容分析

　　通过问卷调查和课堂观察，发现教师在新授课人教版高中化学第二册第七章第一节"认识有机化合物"（第二课时）时存在三个问题：一是教学目标定位不精准，忽视引导学生从碳骨架的视角认识有机物的化学性质。二是不注重引导学生用分子模型学习烷烃的化学性质和理解取代反应，而是将甲烷取代反应的重点落在由反应现象推论产物上，过多地强调甲烷与氯气的物质的量的关系计算。三是忽视教学评一致性。

　　"认识有机化合物"是人教版高中化学必修第二册第七章第一节的知识，是学生在高中系统地学习有机化学知识的开端。本节课从碳原子的成键方式入手，让学生站在结构的视角，从微观层次上初步认识有机物，再以最简单的有机物甲烷介绍为例，让学生认识烷烃的物理性质和化学性质，初步了解有机物与无机物在结构和性质上的区别。

　　本节课的主要功能：通过甲烷的学习，引导学生建立学习有机物性质的路径（物理性质—物质结构—化学性质—用途），从分子结构、碳原子的成键特点、碳骨架来学习甲烷和烷烃的化学性质，建立代表物性质—类别的通性的学习思路，从有机物的结构（碳骨架、官能团）推理其断键、成键部位，预测其化学性质。

二、学情分析

知识基础：学生在九年级学习了甲烷的燃烧和用途，学习了原子结构、元素周期表和元素周期律的知识，对结构决定性质有了初步的认识。

知识进阶：以甲烷分子结构预测甲烷可能有的性质并设计实验证明，初步学会研究有机物的方法。初步学会从有机代表物的结构与化学性质类推同类物质的性质。进一步巩固拓展"结构决定化学性质"的观念。

能力基础：初步能从原子结构和元素周期律的知识预测无机物的化学性质，但未能从化学键的角度预测物质化学性质。

学习障碍：难以理解甲烷的空间结构，难以从微观角度认识取代反应的本质。

三、设计理念与思路

布鲁纳学习理论的观点之一：在教学过程中，学生是一个积极的探究者。教师的作用是要构建一种学生能够独立探究的情境，而不是提供现成的知识。本节的教学根据布鲁纳学习理论，围绕情境、问题、知识和素养的培养进行教学设计，以真实情境为依托，设计问题链，通过任务驱动，引导学生积极探究甲烷的结构与化学性质，提炼思维路径，进而迁移到烷烃的学习，在各个学习活动中评价学生的学习表现，促进学生主动学习，培养学生的学科素养。（图3-4-8）

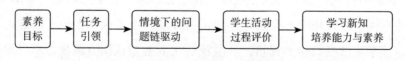

图3-4-8 教学设计思路

以实验探究结合微观探析的方式构建甲烷结构和化学性质的认知模型。先通过球棍模型探析甲烷与氯气反应，认识取代反应的微观过程。接着通过实验现象证实学生的推理，通过动画模拟甲烷与氯气取代反应的微观本质。再通过类比的方法学习烷烃的化学性质，帮助学生从化学键的角度和官能团变化的角度深刻理解有机反应规律：化学键的转化通常是局部的化学键断裂与生成。

从反应形式、化学键变化、官能团变化、物质转化、应用价值认识甲烷的取代反应。

反应形式：物质1 + 物质2→新物质1 + 新物质2。

化学键变化：无官能团→碳氯键。

物质转化：烷烃→卤代烃。

四、教学实录

环节一：认识烷烃的主要物理性质

问题链驱动：

（1）请你根据表中给出的数据，以分子中碳原子数为横坐标。以熔点、沸点和相对密度为纵坐标，制作分子中碳原子数与熔点、沸点或相对密度变化的曲线图，说说烷烃熔点、沸点和相对密度的递变规律。

（2）天然气、沼气和煤层气的主要成分是甲烷。护肤品、医用软膏中的凡士林和蜡烛、蜡笔中的石蜡，其主要成分是含碳原子数较多的烷烃。请结合生活经验、初中化学的有关知识和绘制的曲线图，想一想，烷烃可能具有哪些物理性质？

（3）研究一种物质的物理性质主要研究哪些性质？甲烷有哪些物理性质？

学生活动：作图、讨论、交流、发言。归纳烷烃和甲烷的物理性质。

学生表现：大多数学生能说出烷烃熔点、沸点的变化规律，只有少数学生描述的变化规律体现控制变量的思想。

设计意图：知识获取能力群包括语言解码能力、理解能力、信息搜索能力、信息整理能力，我包括对已学知识的掌握和应用，又包括获取陌生的知识和信息。通过烷烃在日常生活中的应用和把熔点、沸点或相对密度的数据制成坐标图，学生容易说出烷烃的溶解性、密度和找出烷烃的物理性质的递变性，培养了信息获取能力。

知识问题化、问题情境化来设计问题（2）、问题（3），引导学生归纳烷烃物理性质的递变规律，得出研究一种物质物理性质的具体要素，由通性到具体物质甲烷物理性质的学习，引导学生形成学习物理性质的一般方法。围绕信息获取素养评价学生的学习行为和教学目标的达成度，见表3-4-1。

表3-4-1　物理性质的学科素养表现与评价指标

一级指标	二级指标	表现等级	指标表现
学习掌握	信息获取	A1	直接获取数据作图，描述熔点、沸点变化规律
		A2	描述熔点、沸点变化规律，能体现控制变量思想；从用途推断物质的物理性质
		A3	从直观信息抽象常见的物理性质

环节二：学习甲烷的结构与化学性质

在学生已有认知的基础上预测甲烷的化学性质，学习甲烷的氧化反应和分解反应。

问题链驱动：

用球棍模型拼接甲烷分子，说出甲烷分子的结构和化学键种类。

学生活动1： 用球棍模型拼接甲烷分子，观察甲烷分子的4个C—H键长、4个键角的关系，说明甲烷分子的空间构型。

学生活动2： 从家用管道气的使用或九年级学习的知识可知甲烷的化学性质：可燃性。

学生活动存在问题： 学生只知道甲烷的可燃性，不会用键能的数据预测甲烷的分解反应。

学生思路受阻原因分析： 甲烷是高中学生系统学习的第一种有机物，学生较难把甲烷的结构与化学性质，与无机物水的分解反应关联起来，不会提取键能数据从化学键的角度分析化学反应的本质，致使学生不会从碳氢键的断裂来分析反应产物和反应类型。

设计意图： 设计问题（2），水和甲烷是氢化物，氧元素比碳元素的非金属性更强，让学生类比水的分解反应预测甲烷的分解反应，并根据键能的数据分析碳氢键的断裂，证实自己的预测。最终使学生形成物质化学性质与微观本质分析的思路：事实（生活中的应用、实验现象等）—预测化学性质—用原理（物质结构：化学键）分析反应的微观本质。

本环节设计的问题着重培养学生的实践探索、学习掌握和思维方法素养，学科素养表现与评价指标见表3－4－2。

表3－4－2 学习甲烷分子结构与化学性质的学科素养表现与评价指标

一级指标	二级指标	表现等级	指标表现	化学学科素养水平
实践探索（B）	操作运用	B1	球棍模型拼接甲烷分子，说明甲烷分子的化学键类型、正四面体结构	宏观辨识与微观探析水平1
		B2	球棍模型拼接甲烷分子组成、原子数目，说明甲烷分子的化学键类型、正四面体结构	
		B3	球棍模型拼接甲烷分子，从宏观组成、微观组成、原子数目、键型、作用方式和排列秩序说明甲烷分子的结构特点	
学习掌握（A）思维方法（C）	理解掌握科学思维	A1/C1	基于生活经验认识甲烷的可燃性	

环节三：认识取代反应

问题链驱动：

分析甲烷与氯气反应的化学键变化、官能团变化和物质变化，写出反应的化学方程式。

提示：官能团是决定有机化合物的化学性质的原子或原子团。常见官能团包括—X（X为卤原子）、羟基、羧基、醚键、醛基、羰基等。

学生活动：用球棍模型模拟氯气和甲烷在光照的条件下发生的反应过程，从中找出甲烷分子断裂的化学键C—H形成的新的化学键C—Cl，写出反应的化学方程式。

观看实验视频描述实验现象，证实自己的推理是否正确。

学生活动存在问题：

（1）学生发现各组的"产物不同"。连接C—Cl键用的棍子颜色不同，有些同学还是用C—H键的棍子，有些同学换了一根稍长的棍子。

（2）四种有机产物是一步反应直接生成还是分步生成的？

（3）是否全部生成一氯甲烷后才继续反应生成二氯甲烷？

在模拟与分享中学生自觉生成了问题，并进行深度思考。

存在问题原因分析：学生在模拟甲烷分子断键时没有深入思考 C—H 与 C—Cl 的键长大小产生了问题（1）。在分析问题链（3）时学生产生的问题（2）迎刃而解。根据学生产生的问题（2）、问题（3）设计任务 4 和问题链引导学生思考以解决问题。

设计意图：问题（1）、问题（3）以可视化的球棍模型认识甲烷与氯气反应的反应形式，明确断键部位、成键部位，化学键的变化和官能团的变化，反应前后物质种类的变化，从微观的角度认识取代反应的本质。问题（2）以实验现象证实推测，并写出反应的化学方程式，引导学生从三重表征（宏观、微观和符号）认识取代反应。

认识取代反应的学生活动、学科素养表现与评价指标见表 3-4-3。

表 3-4-3　学习取代反应的学科素养表现与评价指标

一级指标	二级指标	表现等级	指标表现	化学学科素养水平
实践探索	操作运用	B1	球棍模型模拟取代反应，说明甲烷分子断键、成键部位，预测生成物（四种生成物不完整）	宏观辨识与微观探析水平1
		B2	球棍模型模拟取代反应，说明甲烷分子断键、成键部位，能用不同的棍子表示反应物与生成物不同的化学键，拼接出四种有机产物和氯化氢	
	研究探索	B1	能说明完整的实验现象	宏观辨识与微观探析水平2
		B2	能从实验现象说明预测生成物的正确与否（证据推理）	
		B3	能提出问题：四种有机产物是一步反应直接生成还是分步生成的，是否全部生成一氯甲烷后才继续反应生成二氯甲烷	
	语言表达	B1	能用结构式正确书写甲烷与氯气反应的一个方程式	
		B2	能用结构式正确书写甲烷与氯气反应的四个方程式	

环节四：认识取代反应历程

问题链驱动：

（1）CH_4 与 Cl_2 能否通过一步反应直接生成 CH_2Cl_2、$CHCl_3$ 或 CCl_4？根据以下信息说明理由。已知：

① $Cl_2 \xrightarrow{\text{光}} 2Cl\cdot$ （高能量自由基）

$Cl\cdot + CH_4 \longrightarrow CH_3\cdot$ （高能量自由基）$+ HCl$

$CH_3\cdot + Cl_2 \longrightarrow CH_3Cl + Cl\cdot$

$CH_3\cdot + Cl\cdot \longrightarrow CH_3Cl$

② 同时断开两个或两个以上 C—H 键的 $\cdot CH_2\cdot$、$\cdot\overset{\cdot}{C}H\cdot$ 等不存在。

③ 两个自由基可以结合成分子。

（2）CH_4 是否全部取代生成 CH_3Cl 后，CH_3Cl 才能继续发生取代反应生成 CH_2Cl_2、$CHCl_3$、CCl_4？说明原因。

已知：将 CH_4 与 Cl_2 以物质的量之比 $1:2$ 混合反应，2min 测得各种有机物的含量见表 3 - 4 - 4。

表 3 - 4 - 4 各种有机物的含量

物质	CH_4	CH_3Cl	CH_2Cl_2	$CHCl_3$	CCl_4
含量	50%	26%	10%	9%	3%

学生活动： 学生阅读、理解、讨论和迁移信息，解决问题。

学生活动存在问题： 有少数学生不理解问题（1）的信息，有较多学生不会迁移到 CH_3Cl 与 $Cl\cdot$ 反应、CH_2Cl_2 与 $Cl\cdot$ 反应、$CHCl_3$ 与 $Cl\cdot$ 反应。

存在问题原因分析： 问题（1）信息大、陌生度高，这对初学有机物的高一学生，属于复杂情境的迁移。由此说明需长期坚持培养学生信息获取素养。

设计意图： 根据学生的疑惑设计问题（1）、问题（2）。问题（1）通过信息呈现甲烷与氯气的反应机理。问题（1）、问题（2）的设计意在培养学生多角度地获取陌生的知识和信息，对新信息进行加工处理，融会贯通地把握新信息的实质，形成对新信息的准确判断。同时，引导学生理解陌生信息再迁移新的反应，阐释自由基反应机理。

认识取代反应历程的学科素养表现与评价指标见表3-4-5。

表3-4-5　认识取代反应历程的学科素养表现与评价指标

一级指标	二级指标	表现等级	指标表现	化学学科素养水平
学习掌握思维方法	信息获取	A1	接受、存储信息，但不会关联应用	变化观念水平2
		A2	获取有用信息，自觉将多个信息关联、应用	
	理解掌握科学思维	A1/C1	能对甲烷与氯气的反应历程作出正确的判断	
		A2/C2	把握信息的实质，关联和应用信息解决问题（解释甲烷与氯气的反应历程）	

环节五：烷烃的化学性质

从甲烷的结构与化学性质类比学习烷烃的化学性质。

问题链驱动：

（1）用分子通式表示烷烃发生燃烧反应的化学方程式。

（2）类比甲烷的取代反应，请写出乙烷在光照的条件下与氯气反应生成一氯乙烷的化学方程式。此反应有几种有机产物？分别写出有机产物的结构简式。

（3）写出 $CH_3CH_2CH_2CH_3$ 分解反应的化学方程式。（已知：C—H 为 414kJ/mol，C—C 为 345.6kJ/mol）

阅读材料：石油经分离后，可以得到汽油、煤油、柴油等含碳原子数少的轻质油，但其产量难以满足社会需求，而含碳原子多的重油却供大于求。因此需要经过催化裂化过程，把重油裂化为汽油，再进一步裂解，可以获得很多重要的化工原料。通过石油裂化裂解，可以得到乙烯、丙烯、甲烷等重要化工基本原料。

学生活动：写化学方程式，用分子模型模拟乙烷在光照条件下与氯气反应的断键与成键，根据模拟的产物写结构简式，并交流分享。体会化学在生产生活中的重大贡献。

学生活动存在问题：有学生不清楚是 C—H 键还是 C—C 键断裂，写不出反应方程式，也有学生只写了一个反应的方程式。

存在问题原因分析：正丁烷有 3 个 C—C 和 10 个 C—H，学生不确定可断裂几个共价键。

设计意图：烷烃的取代反应和烷烃的分解反应（实质是裂解或裂化反应，后续的章节会学习）较抽象。通过分子模型模拟乙烷的取代反应和正丁烷分解反应的微观本质，让学生深刻理解有机反应中反应物分子断键与成键部位，以此预测有机产物。

设计问题（1）和问题（2），引导学生学会用类比的方法和以"宏、微、符"学习烷烃的化学性质。问题（3）强化学生从化学键的角度分析有机反应，培养学生思维的严谨性和完整性，以此培养学生的宏观辨识与微观探析的素养。

3 个问题的设计，意在引导学生从反应形式、化学键变化、物质转化、应用价值进一步认识取代反应和烷烃裂解、裂化反应的微观本质，形成预测有机物的断键与成键部位的一般思路，以此培养学生的科学思维。学习烷烃的化学性质的学科表现与指标评价见表 3 - 4 - 6。

呈现阅读材料旨在让学生了解石油在生活生产中的重要应用，从而认识化学能创造更多的物质财富，在人类社会发展中有重大贡献，以此培养学生的社会责任感。

表 3 - 4 - 6　学习烷烃化学性质的学科素养表现与评价指标

一级指标	二级指标	表现等级	指标表现	化学学科素养水平
实践探索思维方法	语言表达科学思维	B1/C1	能正确书写烷烃的燃烧反应（氧化反应）、取代反应的化学方程式	宏观辨识与微观探析水平 2
		B2/C2	能正确书写丁烷分解反应（裂解反应）的化学方程式	
学习掌握思维方法	知识融合科学思维	A1/C1	基于代表物性质认识烷烃的燃烧反应（氧化反应）、取代反应	
		A2/C2	基于化学键的角度认识丁烷的分解反应（裂解反应）	

环节六：归纳整理

小结本课内容和方法。

学生活动：从知识和思维方法两个层面小结甲烷与烷烃的结构与化学性质的关系，交流分享。

设计意图：让学生从知识、思维方法方面小结本节课的内容，形成学习烷烃的结构特点与化学性质的思路：物理性质—分子结构—化学性质—用途。从化学键的角度认识的有机反应的本质，从代表物性质、同类物质性质和类比的角度学习有机物，让学生形成科学的思维方法。

六、解决问题的成效分析

1. 设计教学目标，培养学科素养

教学评一致性的学习目标可引导学生主动学习，深入思考，引导学生形成科学思维方法和培养学生的学习掌握、实践探索和思维方法素养。学习目标设计是在理解普通高中化学课程标准、把握教学内容、明确学情的基础上，对课堂教学的行为与方式、内容与对象、达成的程度做出界定。因此，操作性强可用来评价学习目标。教师必须深入研究课程标准的内容要求、学业要求、教学提示、化学学科核心素养的水平划分，深刻解读教材文本内容以准确理解文本的显性知识、隐性知识和编写意图，还需进行学情分析。学情分析包含两部分：一是知识关联，即已学知识、新学知识和后续学习知识的分析；二是学生的发展空间，明确学生已有的能力、知识发展进阶、学习障碍。在此基础上制定操作性强、可评价的学习目标来导学、导教、导测评。本节课的教学目标是根据高中化学课程标准主题 4 的内容要求、学业要求、宏观辨识与微观探析、变化观念与平衡思想的水平 1 和水平 2、学情来设定的。从学生用球棍模型学习甲烷的化学性质、从碳骨架认识取代反应、烷烃的化学性质的课堂表现和纸笔测试的效果来看，较好地达到既定的目标。

2. 运用球棍模型，突破重点难点

运用球棍模型学习甲烷和烷烃的结构与性质、模拟甲烷的取代反应，使学生清晰地认识了取代反应的 C—H 键断裂、C—Cl 键形成，取代反应中官能团的变化。再从实验现象证实自己的预测，加以甲烷发生取代反应的动画模拟，可以使抽象的概念和有机反应微观实质具体化。从微观到宏观再到反应原理的表示即化学方程式的书写，从"宏、微、符"学习有机物，既突破了

重点难点，也培养了学生宏观辨识和微观探析的化学素养。

3. 设计问题情境，达成评价目标

为实现素养目标，本节课采取"目标任务化，任务问题化，问题情境化，目标达成评价化"的策略，在可评价的教学目标引领下，紧紧围绕学科素养水平和化学学业质量水平来确定挑战性任务，精选情境设计问题链，根据情境和问题的结构与难易、学生的学习行为表现，将持续性评价嵌入教学活动中。将学生学习行为表现评价和纸笔测试评价相结合，检测教学目标的达成度。

七、教学反思

从代表物的学习迁移到同类物质的学习，从化学键的角度认识反应物分子的断键、成键部位，推理生成物和反应类型，使学生形成认识有机物的结构化思路，从而丰富结构决定性质的内涵，进一步强化结构观。

围绕情境、问题、知识和素养设计学习任务与学生活动、评价指标和行为表现（表3-4-7），充分发挥活动对学科素养的诊断和发展功能，使"教、学、评"活动有机结合，能有效促进学科素养的形成与发展，为教学评一致性在课堂教学实施提供了有效方法。

表3-4-7 教学评实施框架

教学目标及分类	学习任务	情境/问题	评价指标	表现等级
4.1 知道	认识烷烃的物理性质	数据、生活经验/3个问题	学习掌握/信息获取	学习掌握符号为A，实践探索符号为B，思维方法符号为C
4.2 领会	认识燃烧反应、分解反应	生活经验、分子模型/2个问题	学习掌握/理解掌握实践探索/操作运用、语言表达	
4.3 分析、应用 4.4 分析	认识取代反应概念、微观本质、反应方程	实验、分子模型、反应信息/5个问题	学习掌握/信息获取、理解掌握 思维方法/科学思维	各评价指标水平从低到高的等级分别为1、2、3
4.5 综合	认识烷烃的结构和化学性质	代表物/2个问题	实践探索/语言表达学习掌握/知识整合思维方法/科学思维	

参考文献

［1］ 人民教育出版社课程教材研究所化学课程教材研究开发中心．普通
高中教科书化学必修第二册 ［M］．北京：人民教育出版社，2019.

［2］ 人民教育出版社课程教材研究所化学课程教材研究开发中心．普通
高中教科书教师培训手册 ［M］．北京：人民教育出版社，2019.

［3］ 中华人民共和国教育部．普通高中化学课程标准（2017 年版 2020
年修订）［M］．北京：人民教育出版社，2020.

［4］ 人民教育出版社课程教材研究所化学课程教材研究开发中心．普通
高中教科书教师用书化学必修第二册 ［M］．北京：人民教育出版
社，2019.

第五节　物质的分类及转化

课　例

"物质的分类及转化（第1课时）"教学课件

【学习目标】

1. 通过对一系列的物质进行分类，认识元素可以组成不同种类的物质和元素在不同的物质中可以呈现不同的化合价，元素在物质中有两种存在状态。

2. 通过金刚石、石墨、C_{60}的组成和性质的辨析，学会判断同素异形体。

3. 通过对一系列的物质进行分类，学会根据物质的组成元素对物质进行分类。知道分类是研究物质性质的重要方法。

4. 通过碳元素组成的物质及其类别的辨别，学会根据物质类别和元素价态有序构建某一核心元素的物质家族。

5. 通过3个金属氧化物与酸反应、2个非金属氧化物与碱反应的生成物的分析，学会从物质性质的角度对物质进行分类，能说明同类物质性质相似。

【教学过程】

活动1：

铜、镁、金刚石、石墨、C_{60}、氧化镁、五水合硫酸铜、碳酸钙、氢氧化钙、氯气、一氧化碳、二氧化碳、硫酸、乙醇（C_2H_5OH）、食盐水等。

1. 组成这些物质的元素有哪些？

117

2. 除上述含碳元素的物质外，碳元素还能组成哪些物质？碳元素在物质中有哪些存在状态？

3. 从元素组成的角度，将以上物质进行分类。

4. 从物质的组成元素的角度，尝试对已学的物质进行分类。

1. 物质与元素的关系

（1）物质都是由元素组成的。

（2）大多数元素都能形成单质和化合物，这些物质构成了这种元素的物质家族。

（3）元素在物质中以两种状态存在，一种是游离态（以单质形式存在），一种是化合态（以化合物形式存在）。

（4）同素异形体：同种元素形成的几种性质不同的单质。

2. 物质的分类

根据物质元素的组成对物质的分类。

树状分类法（图 3 - 5 - 1）：

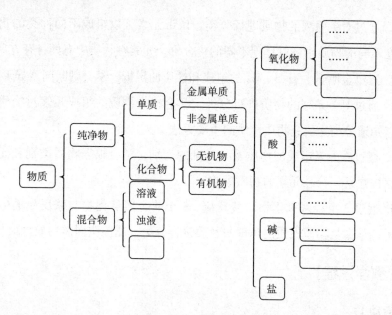

图 3 - 5 - 1　物质的分类

活动 2：

1. 已知硫元素的化合价主要有 -2、0、+4、+6，有序地写出硫元素的家族物质（每类物质只用一种代表物表示），并说明家族中每种物质的类别。尝试总结建立某一核心元素的家族物质的方法。

2. 将 HCl（沸点110℃）、H_2SO_4（沸点338℃）、HNO_3（沸点122℃）、H_3PO_4（磷酸，沸点261℃）、H_2CO_3（碳酸）进一步分类，说明分类的标准。

3. 墨鱼骨粉（主要成分为 $CaCO_3$）可作为治疗胃酸过多的药剂，$CaCO_3$ 属于哪类物质？（尽可能多角度进行分类）

已知：$NaHSO_4$（硫酸氢钠，酸式盐），Na_2SO_4（硫酸钠，正盐），$Cu_2(OH)_2CO_3$（碱式碳酸铜，碱式盐）。

交叉分类法（图3-5-2）：

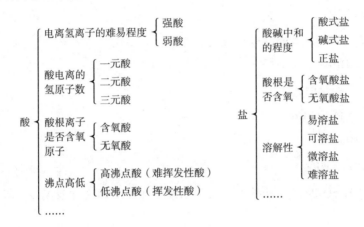

图3-5-2　交叉分类法

活动3：

1. 写出下列反应的化学方程式，并说明下列氧化物与酸或碱反应生成物的共同特点。

$CaO + HCl$

$Fe_2O_3 + H_2SO_4$

$CuO + HNO_3$

$CO_2 + Ca(OH)_2$

$SO_3 + NaOH$

根据物质的性质对氧化物进行分类。

酸性氧化物：能与碱反应生成盐和水的氧化物。

碱性氧化物：能与酸反应生成盐和水的氧化物。

2. 已知：$SiO_2 + 2NaOH \Longrightarrow Na_2SiO_3 + H_2O$，$Rb_2O + 2HCl \Longrightarrow 2RbCl + H_2O$。请据此说明 SiO_2、Rb_2O 的物质类别。

思考：金属氧化物与碱性氧化物的关系是什么？非金属氧化物与酸性氧化物的关系是什么？

已知：CO 不与酸反应生成盐和水，又不与碱反应生成盐和水；Mn_2O_7 是酸性氧化物。

大多数金属氧化物属于碱性氧化物，大多数非金属氧化物属于酸性氧化物。

活动 4：

1. 写出下列反应的化学方程式。

$BaO + HBr$

$SO_3 + Ca(OH)_2$

$Ba(OH)_2 + HBr$

$Zn + HBr$

$Rb_2CO_3 + HBr$

2. 以 H_2SO_4 为例，说明酸的化学性质。（简要的文字说明及化学方程式表示）

3. 预测 $Ba(OH)_2$ 的化学性质。（简要的文字说明及化学方程式表示）

物质类别与化学性质的关系：

同类物质的化学性质相似。

【总结】

本节课我学了：

知识层面：元素与物质的关系、按元素组成与性质对物质进行分类、分类的方法。

方法层面：同类物质的化学性质相似，从物质的化学性质判断物质类别。

观念层面：元素观、分类观、变化观。

"物质的分类及转化（第1课时）"化学素养水平、学业质量水平和教学活动分析

一、化学素养水平

本节内容对应的化学素养水平见表3－5－1。

表3－5－1 本节内容对应的化学素养水平

素养水平	素养1 宏观辨识与微观探析
水平1	能根据实验现象辨识物质，能运用化学符号描述常见简单物质，能从物质的宏观特征入手对物质进行分类和表征
素养水平	素养2 变化观念与平衡思想
水平1	能认识到物质运动和变化是永恒的，能归纳物质及其变化的共性和特征
水平2	能根据实验现象归纳物质的类型，能运用微粒结构图式描述物质及其变化的过程
素养水平	素养3 证据推理与模型认知
水平1	能从物质及其变化的事实中提取证据，对有关的化学问题提出假设，能依据证据证明或证伪假设；能识别化学中常见的物质模型和化学反应的理论模型，能将化学事实和理论模型之间进行关联和合理匹配
素养水平	素养5 科学态度与社会责任
水平1	具有安全意识，逐步养成严谨求实的科学态度，不迷信，能自觉抵制伪科学；能列举事实说明化学对人类文明的伟大贡献，主动关心与环境保护、资源开发等有关的社会热点问题，形成与环境和谐共处、合理利用自然资源的观念

二、学业质量水平、教学活动及学习效果检测的关系

学业质量水平、教学活动及学习效果检测的关系见表3－5－2。

表3－5－2 学业质量水平、教学活动及学习效果检测的关系

学习表现水平	学业质量水平	检测试题序号/对应的学习目标	活动序号/学习目标
辨识记忆	1－1能根据物质组成和性质对物质进行分类，形成物质是由元素组成的观点	1/1，2	活动1/1（1）（2）
概括关联	2－1能从不同视角对典型的物质进行分类	2，3，4（1），4（2）/2，5	活动1/1（3）
说明论证	3－1能从组成、结构等方面认识无机化合物多样性，能从物质的组成、性质、构成微粒等多个视角对物质进行分类	3，5/2，3	活动1/1（4）
分析解释	4－1能在物质及其变化的情境中，依据需要选择不同方法，从不同角度对物质进行分析和推断；能根据物质的类别、组成等说明或预测物质的性质	4（3），5/3，5	活动1/2 活动2/1，2，3

以上分析参考了《普通高中化学课程标准（2017年版2020年修订)》。

"物质的分类及转化（第一课时）"学习效果测评

（学习目标1，2，3/宏观辨识微观探析—水平1）

1. 意大利罗马大学的Fulvio Cacace等人获得了极具理论研究意义的N_4分子，下列说法不正确的是（ ）。

A. N_4是一种单质

B. 它的相对分子质量为 56

C. N_4、N_2 是氮元素的同素异形体

D. 它是一种新型化合物

（学习目标 5/变化观念与平衡思想—水平 1）

2. 已知 $SO_2 + 2NaOH = Na_2SO_3 + H_2O$，下列关于 SO_2 的类别描述正确的是（　　）。

　A. 盐　　　　　　　　　　B. 酸性氧化物

　C. 碱　　　　　　　　　　D. 酸

（学习目标 3，5/变化观念与平衡思想 – 水平 1）

3. 国家质检部门检出端午节包粽子的"返青粽叶"多以胆矾（化学式为 $CuSO_4 \cdot 5H_2O$）为添加剂，长期食用有害健康，下列有关胆矾的说法正确的是（　　）。

　A. 氧化物　　　B. 硫酸盐　　　C. 碱　　　　　D. 酸

4. 有些食品的包装袋中有一个小纸袋，上面写着干燥剂，其主要成分是生石灰（CaO）。

（学习目标 3/宏观辨识微观探析—水平 1）

（1）生石灰属于哪种类别的物质？

（学习目标 5/变化观念与平衡思想—水平 2）

（2）生石灰可作干燥剂的理由是什么？（用化学方程式表示）此反应的产物属于哪类物质？（尽可能从多角度对其进行分类）

（学习目标 5/变化观念与平衡思想—水平 2）

（3）生石灰还可以与哪些物质发生化学反应？列举两例，写出有关反应的化学方程式。

（学习目标 4/宏观辨识微观探析—水平 1）

5. 有序地写出钙元素的家族物质，并说明该家族中每种物质的类别。

论 文

基于化学观念建构的教学设计

——以物质的分类第一课时为例

在教学中根据素养目标设计教学思路，以板块下的任务驱动，以真实情境创设问题，建立研究物质的认识视角和认识思路，可以培养学生的关键能力和发展核心素养。本文以人教版高中化学必修第一册"物质的分类"（第一课时）教学内容为例，说明"引导学生将知识转变为认识，将认识转化为观念，将观念转化为素养"的设计策略，实现学科育人目标。

一、教学内容与教学现状分析

通过问卷调查和课堂观察，发现人教版高中化学必修第一册"物质的分类"教师新授课存在 3 个问题：一是教学目标定位不精准，过多强调具体的显性知识的教学，如同素异形体产生的原因、异同辨析，碱性氧化物和金属氧化物、酸性氧化物和非金属氧化物的辨析。二是忽略了元素观、分类观和变化观的建构。三是不重视让学生形成"从类别预测物质性质及其变化"思想。

"物质的分类"是人教版高中化学必修第一册第一章第一节的知识，是初高中知识的衔接，也是初中知识物质分类的深化与拓展。元素观、分类观和转化观是高中学习元素化合物、基本概念的重要方法。教材的安排有利于学生运用分类的方法和变化观念学习元素化合物、基本概念，用分类观研究物质，可多角度认识物质的性质和化学反应，能提升学生对物质及其变化的认识水平。

本节课的主要功能：构建基于核心元素和性质认识物质的视角，引导学生理解按照不同的分类标准分类的结果不同，掌握分类这种研究物质及其性质的思想方法。梳理学生对物质的已有认识，帮助学生形成基于核心元素构建元素物质家族的能力，建立"三观"，拓展物质分类的视角，学会从"类—价"认识模型预测陌生物质的性质、制备物质。

二、设计理念

1. 以情境下的意义建构形成"三观"

建构主义理论的观点是：以学生为中心，强调学生对知识的主动探索、主动发现和对所学知识意义的主动建构。学习是在一定的情境中，借助他人的帮助即通过人际间的协作活动而实现的意义建构过程，"情境""协作""会话"和"意义建构"是学习环境中的四大要素。这与教育部《关于做好普通高中新课程新教材实施工作的指导意见》中的内容一致，指导意见强调：关注学生个体差异和学习过程，促进学生自主、合作、探究学习。"协作""会话"是合作学习的重要部分，"意义建构"是深度学习的重要环节。我们要创设日常生活实践情境或学习探索情境，设计问题，引导学生学习物质的分类知识，培养学生的思维能力，帮助学生建构元素观、分类观和转化观。

2. 设置情境培养学生的化学素养

高考评价体系中的"情境"即"问题情境"，指的是通过真实的问题背景，以问题或任务为中心构成的活动场域。通过设置真实生活实践与学习探索情境等问题情境，让学生学习必备知识，培养学生灵活运用所学知识分析解决问题的关键能力和化学素养，引导学生的学习从"解题"向"解决问题"，从"做题"向"做人做事"转变。据此，本节课设计 4 个板块和情境问题，帮助学生学习分类的方法，认识分类在化学研究中的重要作用，形成元素观、分类观和转化观，即在学习知识中培养关键能力和发展化学核心素养。

基于建构主义、高中化学课程标准和高考评价体系确立本课时的设计策略（图 3 - 5 - 3）：

图 3 - 5 - 3 设计策略

根据教学策略设计的教学流程：从元素组成对物质进行分类—多角度认识化学物质—三种观念（元素观、分类观和转化观）的形成—应用观念解决实际问题。

三、教学目标

依据课程标准和学情确定本节课的教学目标：

（1）以碳、硫元素为例，建立某一元素的物质家族的一般思路。

（2）初步学会从物质类别的角度认识物质的化学性质和变化，分析、解释有关反应的现象。

四、教学实录

板块一：元素组成认识物质类别，形成元素观

任务1：根据物质的组成元素对物质进行分类，学习树状分类法。

学生活动：思考、讨论、交流、发言。画树状分类图。

设计意图：板块一让学生认识物质是由元素组成的、元素在物质中的存在状态。以 CO、CO_2 为例，引导学生分析得出：相同元素可以组成不同物质。再引导学生关注元素的价态。以碳元素为例，在已给物质的基础上寻找常见的碳元素组成的单质与化合物，以无机物中的单质、氧化物、酸、盐组成某一元素的无机物质家族，强化以元素对物质进行分类的观念。通过问题（3）学习树状分类法并形成元素观。

板块二：建立元素与物质家族的关系

任务2：按照一定的顺序写出某种元素的无机物质家族主要物质，总结构建某种元素的物质家族的思路。

问题驱动：依照碳元素的物质家族各物质类别，有序地写出硫（硫元素的化合价主要有 -2、0、$+4$、$+6$）元素的物质家族"成员"及其物质类别。尝试总结建立某元素的物质家族的方法。

学生活动：思考、讨论、书写、交流、提炼方法。

设计意图：板块二以碳元素为例，使学生进一步认识每一种元素都能由自身组成物质，也可以与其他元素组成化合物。选择价态较多的硫元素构建硫元素的无机家族并进行分类，意在培养学生信息迁移能力。除了从类别认识物质外，引导学生关注元素价态，从类别、价态两个维度来认识物质的多样性。从具体物质家族的构建，抽象出建构无机物质家族的一般思路，进而培养学生的抽象思维能力、证据推理和模型认知的素养。

板块三：以物质性质认识物质类别，建立分类观和转化观

任务 3：多角度认识氧化物、酸和盐，感受分类标准的多样性。

问题驱动：

（1）写出下列反应的化学方程式，找出下列氧化物与酸或碱反应生成物的共同特点，以此将以下氧化物进行分类。

$CaO + HCl/Ca（OH）_2 + HCl$、$Fe_2O_3 + H_2SO_4/Fe（OH）_3 + H_2SO_4$

$CO_2 + Ca（OH）_2/H_2CO_3 + Ca（OH）_2$、$SO_3 + NaOH/H_2SO_4 + NaOH$

（2）写出 Al_2O_3 与 H_2SO_4 反应的化学方程式。Al_2O_3 是碱性氧化物吗？为会么？（已知：$Al_2O_3 + 2NaOH =\!=\!= 2NaAlO_2 + H_2O$，$NaAlO_2$ 是盐）

（3）CO 是酸性氧化物吗？（CO 既不和碱反应也不和酸反应生成盐和水。）

（4）将 HCl（沸点 $110℃$）、HF（沸点 $19.54℃$）、H_2SO_4（沸点 $338℃$）、HNO_3（沸点 $122℃$）、H_3PO_4（磷酸、沸点 $261℃$）、H_2CO_3（碳酸）尽可能多角度地分类，说明分类的依据。

学生活动：书写化学方程式、类比推理氧化物的分类。讨论、交流、相互补充。

对氧化物分类产生认知冲突，学习成盐氧化物和不成盐氧化物。多角度认识物质，学习交叉分类法。

设计意图：设计问题（1）、（2）、（3）、（5），引导学生从化学反应的角度认识物质类别。设计问题（1）、（2）、（3），以类比的方法让学生学习氧化物的分类。设计问题（4），引导学生从物质性质、结构和化学反应认识物质类别，学习交叉分类法。发展学生对化学反应实质的认识，使学生将物质分类和物质结构、化学性质建立了有机联系，丰富了学生对于物质分类的认识视角和认识思路，进而使学生建立分类观和转化观，同时培养学生类比推理和获取信息、应用信息的能力，发展学生三重表征的能力。

板块四：应用分类观解决问题

任务 4：从化学性质推测物质的类别，从类别预测物质的化学性质。

问题驱动：

SO_2 是工业生产硫酸的废气之一，通常用石灰浆或烧碱处理。请你预测和用化学方程式表示 SO_2 的化学性质，提炼预测物质化学性质的一般思路。

学生活动：类比、发言、书写化学方程式。提炼思路，归纳整理。小结本节课的知识和方法。

设计意图：引导学生从化学反应视角推理氧化物的类别，问题意在引导学生从物质及其变化的事实中提取证据，建立基于物质类别预测物质化学性质的思维模型：组成—类别—通性—具体反应。让学生进一步认识同类物质性质相似和各类物质可以相互转化，感受物质分类的意义和价值，从物质类别及其转化的角度认识物质。设计了真实情境，如 SO_2 是工业生产硫酸的废气之一，使学生感受到化学在人类社会的应用价值。

五、解决问题的成效分析

1. 教学目标设定

以新课程标准的化学学科核心素养的水平划分，学业质量水平 1-1 和 1-2，必修课程主题 2 的常见的无机物及其应用内容要求 2.1、2.3，学业要求 1、3、4 和学情确立本课时可评价的素养目标。研读学业质量水平标准，可精准地设定教学目标和把握教学内容的深广度。与传统教学相比，以精准素养目标设计的任务、教学活动有效性大大提高，使学生在问题思考中不断衍生新问题，如明确了 CO_2 是酸性氧化物，则 CO 是酸性氧化物吗。CaO 是碱性氧化物，则 Al_2O_3 也是碱性氧化物吗。CO、CO_2 性质差异能使学生产生认识冲突，发展其对物质分类的认识，较好地培养了学生敢于质疑、勇于创新的精神。

2. 教学效果分析

根据教学目标设计了 6 道评价性测试题，前 3 题为选择题，每题 5 分，题 4、题 5、题 6 为非选择题，题 4 有 3 个小问，共 12 分，题 5 是简答题共 12 分，题 6 是简答题共 11 分。课后两个班（学生基础相当）的学生做了测试题，实验班与非实验班的得分率统计见表 3 - 5 - 3。

表 3 - 5 - 3　实验班与非实验班的得分率统计

题号/分值	1/5	2/5	3/5	4 (1) /2	4 (2) /4	4 (3) /4	5/12	6/11
检测目标	3.1、3.2	3.5	3.4	3.4	3.4、3.5	3.6	3.3	3.6
实验班得分	4.81	4.90	4.71	1.80	3.60	3.68	9.60	9.35
非实验班得分	4.60	4.80	4.60	1.80	2.30	2.80	6.60	6.82

前 3 道选择题得分率差别不大，题 4、题 5 和题 6 得分率相差较大。题 1 辨析同素异形体；题 2、题 3 从物质化学性质和组成认识物质类别；题 4 从物质组成判断物质类别和预测氧化物的性质；题 5 为 "有序地写出铁元素的家族物质及其类别"；题 6 预测陌生物质碱式碳酸铜的类别与化学性质，用化学方程式表示其性质。从两个班得分情况看，短时间内对概念学习区别不大，但实验班题 4、题 5 和题 6 的得分率高于非实验班，说明本节课的教学策略对元素观、分类观和变化观的建构有明显优势和效果。

开展从类别预测物质性质活动，能够促进学生将具体知识转化为能力和观念。学生遇到复杂陌生情境，能自主地从类别的角度预测物质性质及其变化。

情境不仅是学科问题的依托，也是培养学生高阶思维、信息素养的重要载体。实践证明，与传统教学方式比较，围绕素养目标设计板块和任务，根据任务选择生活实践、学习探索的问题情境，能够较好地引导学生学习，使学生能自主运用必备知识和关键能力解决实际问题，自觉建构学科观念，有效地发展了学生的思维能力、信息素养和核心素养。

参考文献

[1] 人民教育出版社课程教材研究所化学课程教材研究开发中心.普通高中教科书化学必修第一册 [M].北京：人民教育出版社，2019.

[2] 中华人民共和国教育部.普通高中化学课程标准 (2017 年版 2020 年修订) [M].北京：人民教育出版社，2020.

[3] 何彩霞.化学学科观念建构是单元教学的核心——"物质的分类"单元教学的思考. [J].化学教育，2009 (2)：17 - 19，42.

第六节　高三课堂教学中化学学科关键能力的培养

——以高考热点"循环图"试题为例

　　学科素养导向下的高考命题，注重在真实情境下考查学生用结构化的知识和方法解决实际问题的能力。因此中学化学教学也须通过真实情境下的问题设置，引导学生学习必备知识，培养学生灵活运用所学知识分析解决问题的关键能力和化学素养，引导学生的学习从"解题"向"解决问题"，从"做题"向"做人做事"转变。中学化学教师应在高三化学教学中充分利用循环图类试题的教学，通过知识问题化、问题情境化，使核心知识网络化，以此培养学生的学科关键能力和化学核心素养。

一、"循环图"试题承载的考查功能

　　高考的命题立意经历了从"知识"到"能力"到"素养"的转变，情境是高考命题的载体。循环图试题创设了材料多元、信息量大的新情境，其情境多数是生活实际情境、生产实际情境或学习探索情境，以新颖的形式呈现问题，作为试题考查学生，属于在陌生情境下进行的复杂情境活动。循环图试题聚焦化学核心知识的考查，很好地体现了化学学科的内容创新、形式创新等特征，较好地考查学生的创新思维，重点考查学生信息加工、推理论证和审辨思维能力，测试学生化学学科的素养水平，从而发挥高考评价体系中的"价值引领、素养导向、能力为重、知识为基"的作用。（表3-6-1）

表3-6-1 循环图试题考查的功能

考查内容	必备知识、关键能力、学科素养	
考查要求	综合性、应用性、创新性	
高考化学学科的关键能力	信息获取与加工能力（属知识获取能力群）、证据识别与推理能力、模型建构与认知能力（属思维认知能力群）、化学表征能力	
化学核心素养	宏观辨识与微观探析、变化观念与平衡思想、证据推理与模型认知、科学探究与创新意识	
评价体系学科素养	学习掌握	信息获取、理解掌握、知识整合
	实践探索	语言表达
	思维方法	科学思维、创新思维

二、"循环图"试题的结构与导向性

循环图类的试题题型主要分两类，分别是选择题和填空题。选择题的结构：题设＋循环图＋选项。填空题的结构：题设＋循环图＋设问（以填空的形式呈现）。题设和循环图真实体现人类生活生产实际问题或科研问题，再现知识的反应历程或反应机理。此类试题很好地兼顾了"素养""情境""问题"和"知识"4个要素在命题中的相互联系，能较好地区分学生化学学科能力和素养水平。由于循环图多为陌生的素材，这类试题较好地体现了选拔性考试的公平性和创新性。

循环图类的试题主要考查的必备知识有：氧化还原反应、电化学、离子反应、有机化学、化学反应与热能等。循环图多为反应历程、反应机理、反应能量的变化图。要求学生从试题文字、循环图信息中，准确地提取有效信息，整合已学知识，进行重组迁移和表征，即要求学生针对化学问题，从信息中提取有价值的内容，经过自己的加工整合，解决综合性或创新性情境下的实际问题。这类试题为培养"归纳概括、证据推理和模型建构"等学科思维能力提供了绝好的素材，引导教学由教向学转变，实现学科育人目标。

三、"循环图"试题的教学功能

真实情境是培养学生关键能力和核心素养的载体，本文以循环图试题为例，说明其教学功能及解决此类试题的思维路径。

例1：工业上常用碱性 NaClO 废液吸收 SO_2，反应原理为：$ClO^- + SO_2 + 2OH^- = Cl^- + SO_4^{2-} + H_2O$。为了提高吸收效率，常用 Ni_2O_3 作为催化剂。在反应过程中产生的四价镍和氧原子具有极强的氧化能力，可加快对 SO_2 的吸收。该催化过程如下图所示：

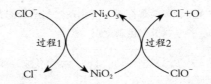

1. 过程1 的离子方程式为＿＿＿＿＿＿＿＿＿＿＿＿＿＿＿＿＿＿＿＿＿＿。

2. 过程2 的离子方程式为＿＿＿＿＿＿＿＿＿＿＿＿＿＿＿＿＿＿＿＿＿＿。

该题考查内容见表 3 – 6 – 2。

表 3 – 6 – 2

情境	考查内容				考查要求
生产实践情境	化学学科素养	评价体系的学科素养	关键能力	必备知识	综合性应用性创新性
	思维方法	信息获取、知识整合、语言表达、科学思维	信息获取与加工能力，证据识别与推理能力，化学表征能力	化学语言与概念模块中的氧化还原反应、离子反应	

　　一个有意义的命题情境，包括四个要素：一是测试学科能力和化学核心素养水平，二是测试任务与真实情境紧密联系，三是突显解决问题的化学知识，四是凸显应用性和价值性。本题的情境属于生产环保情境，着重考查学生识别能力、分析能力、信息获取能力、运用关键信息能力、知识整合能力、逻辑推理能力、化学表征能力，属综合性和创新性兼具的题目。本题的设问测试的是："证据推理和模型认知、科学探究与社会责任"素养的水平3 和水平4。

　　本题要求学生能从循环图中提取有效信息，结合化学原理从微观粒子的角度表征反应，进而形成解决此类问题的思维模型。本题取材于生产实际问题，用氧化还原反应、离子反应知识解决工业生产尾气处理问题，可激发学生思考，突显化学知识的应用性，同时可培养学生的环保意识和社会责任感，突显其育人价值，并以此评价学生学科能力和化学核心素养水平。

解题思路：

从箭头方向可知：过程 1 的反应物为 ClO^-、Ni_2O_3，生成物为 Cl^-、NiO_2，以电子转移数守恒进行配平，得出：$ClO^- + Ni_2O_3 =\!=\!= Cl^- + 2NiO_2$。

学生在做题时很容易感受、判断和洞察题中的新信息。通过例题分析，引导学生自己归纳解决此类题的思路：

（1）正确读取循环图的信息，确定反应物和生成物。箭头入的物质为反应物，箭头出的物质为生成物，圆周上的物质可以是上一反应的产物，可以是下一反应的反应物，也可以是催化剂。

（2）关注循环图中一些不参与离子反应的微粒。

（3）结合题设和循环图的信息，整合氧化还原反应和离子反应的知识，分析推理和表征。

学生应用自己建立的思维模型解决第 2 个小问，通过讨论、交流，课堂上外显自己的思路：

过程 2 的反应物为 NiO_2、ClO^-，生成物为 Ni_2O_3、Cl^-、O，以电子转移数和原子数守恒进行配平，得出：$2NiO_2 + ClO^- =\!=\!= Ni_2O_3 + Cl^- + 2O$。

接着引导学生抽象解此类题的本质方法，建立解题思维模型：循环图、题设—提取关键信息—加工整理信息—整合相关知识—分析推理—正确表征。再以 2020 年全国卷 II 题 5 巩固思维模型。

例 2：据文献报道：$Fe(CO)_5$ 催化某反应的一种反应机理如下图所示。下列叙述错误的是（　　）。

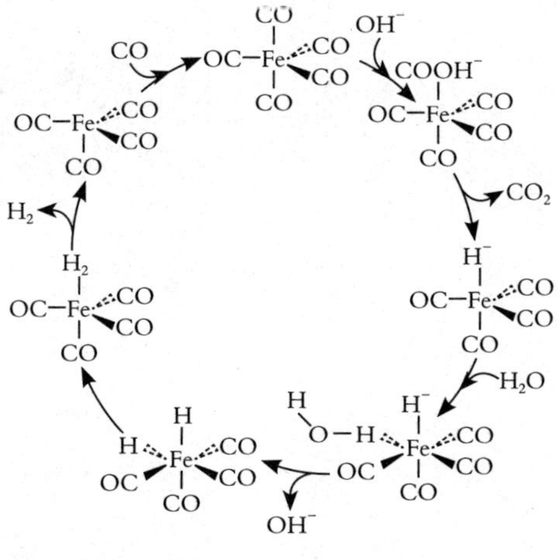

A. OH⁻ 参与了该催化循环

B. 该反应可产生清洁燃料 H_2

C. 该反应可消耗温室气体 CO_2

D. 该催化循环中 Fe 的成键数目发生变化

通过循环图试题的教学,使学生建构元素化合物和化学反应原理的知识网络,提炼这类问题的思维框架和模型,规范表述。由此较好地培养了学生信息获取与加工能力、证据识别与推理能力、模型建构与认知能力和化学表征能力。

我们要在高三化学教学中充分利用情境性试题,在发现和解决问题的过程中突显学生思路,通过提取有用信息,进行迁移重组,建立和修正认知模型,再以认知模型解决实际问题来培养学生的化学关键能力,发展学生化学核心素养。

参考文献

[1] 教育部考试中心. 中国高考评价体系 [M]. 北京:人民教育出版社,2019.

[2] 教育部考试中心. 中国高考评价体系说明 [M]. 北京:人民教育出版社,2019.

[3] 中华人民共和国教育部. 普通高中化学课程标准(2017 年版 2020 年修订)[M]. 北京:人民教育出版社,2020.

第四章

教学思想的践行

——课题研究

第一节　课题申请评审书核心部分的撰写与成果提炼方法

一、教育科研课题申请评审书的撰写

（一）科研项目（课题）的研究流程

科研项目或课题的研究流程：选题—申请评审—立项—开题—实施研究（中期检查）—结题—成果鉴定与推广（成果推广可在课题结题前或结题后进行）。

（二）申请评审书的撰写

广东省教育科学研究项目申请书要叙述的主要内容有：摘要、预期成果、研究意义（研究背景、应用价值、学术价值）、本项目的研究现状、本项目的总体框架和基本内容、拟达到的目标（阶段性目标及总体目标）、拟突破的重点、拟解决的关键问题及主要创新之处、本项目的研究方法和研究手段、研究计划、负责人前期研究基础等。广东省清远市教育科学研究课题申报、评审书要叙述的主要内容有：摘要、预期成果、研究意义（研究背景、学术价值、应用价值）、国内外研究现状述评、课题研究内容（研究目标、基本内容、重难点及拟创新点）、研究思路与方法（本课题基本研究思路、具体研究方法、研究计划）、课题可行性分析（课题负责人研究经历、课题组成员的构成及分工、完成课题的保障条件）。省市级课题申请评审书的内容相似，教师撰写申报书时主要的存在问题有：选题欠时代性缺乏实际意义，摘要没突出核心内容，不清楚哪些属于成果，写出来的内容没有研究内容只有目标或现状等，重点难点与研究内容不相关，研究现状没有综述，等等。针对这些问题，进行以下陈述。

1. 选题

课题方向正确，对区域和学校发展有促进作用，特色明显，具有创新性，对提高教育教学质量和管理水平实用价值高。可以从教学问题，当前教师专业发展与教育教学的难点、热点问题等选题，或从给定的题目中选择。

课题题目的表述：××的研究，题目字数不超过 20 字，如果题目字数多，可以用副标题。课题题目用陈述句表述，不能用判断句或疑问句或比喻句表述。课题题目容易与论文题目混淆，以"××的研究"句式来表述，就不会被认为是论文题目了。

课题题目表述三要素为研究范围和对象、研究问题（内容）、研究方法。例如，高中化学教学培养学生信息素养的实践研究。研究范围：高中化学教学。研究对象：学生。研究问题（研究内容）：培养学生信息素养。研究方法：实践研究。定出的题目用"三要素"检查，课题方向正确、紧跟当今教育教学前沿且有"三要素"的题目就是优质的选题。

2. 成果与成效

课题研究的成果必须是可推广、可学习、可借鉴的理论、观点、问题解决方案、新的教学模式、新的教学策略、新的解决问题工具等。课题成果分为两类：认识类（观点、看法）和产品类（物化）。认识类的成果呈现形式主要有报告、论文、专著（编著）、读本、专利、案例集，其他如评价方案（量表）、教学策略等，以文字的形式呈现成果。报告包含专题报告和综合报告。专题报告有调查报告、教育实验研究报告等，综合报告有研究报告、结题报告等。

产品类的成果呈现形式主要有教具学具和教学仪器、教学软件（包括音像制品、计算机软件）、影像资料，如微课视频等。

成效指课题成果带来的效应、效果或影响，也包含课题在研究过程中带来的效果或影响，一般可以从学生层面、教师层面、学校层面和社会层面来说明。学生层面包括学生成绩进步、兴趣提高、能力发展、素养提升等。教师层面包括教学水平提高、科研能力提升、自身专业发展。各类参赛获奖是学生成绩进步、素养提升等的有力证据，也是教师教学水平提高、科研能力提升、自身专业发展等的有力证据。学校层面包括成果推广效果、影响力扩大、形成办学特色、教学质量提高、成绩提升、升学率提高等。社会层面多指成果获得媒体的正面宣传、家长的支持与肯定、推广应用等。

3. 研究意义

研究意义包括研究背景、学术价值和应用价值。

研究背景可以从三个方面进行陈述：一是国内外有关研究主题方面的形势和要求，二是研究主题在广东省本地清远市第三中学的存在问题，三是说明研究目的。研究主题方面的形势和要求可以从国家层面如教育部或省的政策、法规、文件、教育部领导的发言、改革方案、新课程标准等引用相关描述，再说明其与本课题主题研究意义或解决的现实问题之间的关系。

政策和文件等可以在网站上输入关键词查找，如在网站上输入关键词"教育部"，可以查找中央文件、教育部文件，如部令部文部函、其他部门的文件、发布会内容和政策解读等；查找省级政策文件，可以在网站上输入关键词"××省教育厅"，可以查找省级教育政策法规、政策解读、教育发展规划、教育新闻等。

学术价值：中学老师的科研很难做出学术价值，可以是对某些问题提出自己的观点，或是就某个观点提供了一些案例或素材，也可以是策略、方法等。

应用价值：可从对学校、对教师、对学生的作用三方面进行陈述。常用的句式有：有助于……，为……提供了……，对……具有……

4. 研究现状

研究现状即研究综述，其目的是通过评估分析已有的研究成果，凸显自己研究问题的价值。文献综述的"综"，不是对查找的文献的罗列，而是根据所查阅大量的文献进行综合的归类、提炼、概括，说明该领域的研究背景和发展脉络、主要学术观点、研究成果、研究焦点等，说明存在的问题，突显研究主题的意义。

5. 总体框架和基本内容

总体框架的表述内容主要有：何时、用何种方法、做哪个研究任务、有哪些预期成果。用文字简述加流程图或路线图来表示。

根据研究目标和拟解决的问题，将研究内容分为若干个具有逻辑递进关系的小问题，每个小问题指解决问题的手段、方法或策略总结。研究内容应分点叙述，表达时简明扼要。

6. 拟突破的重点、拟解决的关键问题及主要创新之处

从研究内容中找一或两个主要内容作为拟突破的重点。

研究背景分析中的存在问题即拟解决的关键问题。

主要创新之处是学术研究的意义与价值。创新点可以表现在多个方面，如研究视角创新、研究方法创新、研究手段创新、教学方式创新等。

7. 研究方法和研究手段、研究计划

研究方法和研究手段指在完成研究内容时所采用的方法手段，主要有文献研究法、调查法、行动研究法、个案分析法等。研究方法和研究手段的表述：用什么方法手段在某个阶段做某个研究任务。

研究计划：说明研究的先后进展顺序，一般包括准备阶段、实施阶段、推广成果阶段和结题阶段。说明在每一时间阶段，用什么研究方法做哪些研究内容或任务和阶段性的预期成果。

二、教育科研课题成果提炼方法

在基础教育的课题研究中，对一线教师而言，研究成果的提炼是最困难的，老师们常常无从下手。研究成果与研究内容必须匹配。例如，广东省教育科学"十二五"规划项目"化学教学中学生潜能开发的研究"的研究内容为：①开发学生的潜能有效教学方法的研究。②开发学生的潜能教学模式的研究。③开发学生的潜能有效教学方法和教学模式应用效果的研究。与研究内容匹配的成果是，具体有教学方法、教学模式和应用效果研究。此课题的研究成果为：①探索出化学课堂教学有效开发学生潜能的方法：目标导学法、基于任务下的问题解决和活动探究的 TPAD—小组合作学习法。②开发学生潜能概念同化和形成的教学模式。③研制开发潜能教学效果的评价量表，量表用于检测开发学生潜能的有效教学方法和教学模式应用效果。

如成果是策略、方法的话，第一步给策略或方法命名，第二步解读策略或方法的内涵，也就是说明策略或方法是什么，第三步说明策略或方法的理论依据，第四步说明策略或方法的使用方法，即如何使用。策略或方法的命名方法：提炼核心要素的关键词，用中文串联关键词组成一句话，也可以将关键词翻译成英文，用关键词英文的第一个字母连接而成。

第二节　课题申请评审书核心部分的撰写与成果提炼方法举例

案例1：第十九批清远市教育科研课题

——"高中化学教学培养学生信息素养的实践研究"申请评审书

（核心部分：课题论证）

本课题 2018 年 10 月立项，2021 年 6 月结题。对研究课题的论证：本课题研究的背景、基本内容，研究的重点和难点；国内外同类课题究状况；本课题的理论意义和实践意义。

一、本课题研究的背景

（一）培养信息素养符合社会发展的要求

在人类社会中，信息是普遍存在的，能够成功地获得环境的信息是人类生存的必要条件。如果信息超出人类的承受能力，它就会破坏人们自我学习的能力。有些人之所以在面对海量信息时显得困惑迷茫，是因为他们缺少信息素养。在信息社会中，个人要提高生活质量、追求幸福，公民要承担社会责任，城市和国家要提高国际竞争能力，都需要培养和提高信息素养。

（二）培养信息素养符合国家信息化战略的要求

全球信息化正在引发世界的深刻变革。国务院办公厅于 2006 年发布的《2006—2020 年国家信息化发展战略》明确提出要提高国民信息技术应用能力，造就信息化人才队伍。到 2020 年，我国要基本实现国家信息化发展的制度环境和政策体系基本完善，国民信息技术应用能力显著提高，为迈向信息社会奠定坚实基础。高中生是国家的未来栋梁和社会建设者，培养高中生信息素养，将有助于我国信息化战略目标的实现。

（三）落实"立德树人"根本任务，彰显教学的育人价值

1. 培养信息素养是基础教育的基本任务

中国学生发展核心素养中有六大素养十八个基本要点，关于数字学习的要求为"具有信息意识"，信息意识是信息素养的重要组成部分。明确信息素养是学生适应信息化和知识社会的需要，能够促进学生的发展和有效参与各类社会实践。

《基础教育课程改革纲要》提出：倡导学生主动参与、乐于探究、勤于动手，培养学生搜集和处理信息的能力、获取新知识的能力、分析和解决问题的能力以及交流与合作的能力。纲要明确了信息素养在基础教育目标中的重要地位。

2. 培养信息素养是新课标要求

教育部新制定的《普通高中信息技术课程标准（2017 年版 2020 年修订）》明确提出"信息素养是信息时代公民必备的素养"。信息化社会的发展要求人的素质与之相适应，要求人必须具备获取、存储和交流信息的能力。信息素养成为衡量一个人素质高低的标准，成为人的整体素质的一个重要组成部分。

《普通高中化学课程标准（2017 年版 2020 年修订）》的课程目标明确指出：能根据物质及其变化的信息建构模型；能对观察记录的实验信息进行加工并获得结论。化学学科核心素养要求：能用数据、图表、符号等处理实验信息；能对实验中的"异常"现象和已有结论进行反思、提出质疑的新的实验设想，并进一步付诸实施。课程标准明确了化学课程中培养信息素养的任务：让学生学会获取信息、整理信息、加工信息、评价信息、表述信息。

3. 切合选拔人才的宗旨

立德树人不仅是教育的使命，也是高考的使命。高考改革要衔接课程改革，促进核心素养的培养。课程标准以核心素养为统领，承载着新的教育教学理念。高考要通过考试评价手段落实核心素养要求和改革理念。"一核、四

层、四翼"的高考评价体系框架，其中"关键能力"是指在学生掌握基础知识和基本技能的过程中，培养支撑学生终身发展、适应时代要求的能力，主要包括独立思考、逻辑推理、信息加工、语言表达和文字写作能力、创新能力等。

接受、吸收、整合化学信息的能力是考试大纲对化学学习能力的要求。考纲要求：从提供的新信息中，准确地提取实质性内容，并与已有知识整合，重组为新知识块。该方式的考查，也是化学学科素养"证据推理与模型认知"的具体体现。

教育要面向学生的发展，为学生的未来发展打下良好的基础。为了给学生提供最佳的学习和发展机会，使其成为出色的终身学习者与未来劳动者，就必须使其成为一个有信息素养的人，即能获取、传递和处理信息。课程是实施"立德树人"任务的重要载体，因此培养学生的信息素养是高中教学任务之一。

4. 信息素养是终身学习的必备素养

信息素养是自我学习、终身学习的必备素养，良好的信息素养是科技创新的基础。要不断学习和更新知识，除了参加学校教育外，更重要的是学会如何自我学习。具有信息素养的人通常能按照特定的需求，寻求知识、寻找事实，评价和分析问题，产生自己的意见和建议，在经历成功寻求知识的激动和喜悦中，为自己准备和积累终身学习的能力和经验。同时，具备信息素养能力的人，在寻求知识的过程中经常与他人交流自己的思想，加深对知识的理解，激发创造，并能在一个更大的空间和社会团体中重新定位自己，找到人生新的价值。

5. 清远市第三中学教学情况的需要

清远市第三中学一些教师受课堂时空、学生素质的限制，或是教师自身观念影响等，在学科教学中培养学生信息素养的意识淡薄，教师没有系统研究培养学生信息素养的教学方法和策略。清远市第三中学学生信息意识不强，处理加工信息、评价信息和表述信息能力弱。

基于时代发展对教育教学的要求和清远市第三中学教学实情，我认为高中化学教学中培养学生信息素养的研究是迫切且必须的任务。

二、基本内容

结合国内外信息素养的内涵和化学学科特点，本课题选择高一、高二、高三选读化学的学生作研究对象，选择有机化学、元素化合物为研究内容的载体，从以下三方面研究培养学生信息素养的方法途径（图4-2-1）。

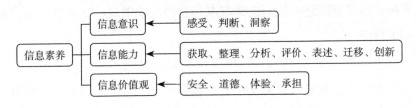

图4-2-1　培养学生信息素养的方法

（1）高中化学课堂教学中培养学生信息素养的教学方法研究。

（2）高中化学课堂教学中形成信息价值观的途径研究。

（3）高中化学课堂教学培养信息素养实践效果——教学效果评价量表的研究。

三、研究的重点和难点

（一）研究重点

高中化学课堂教学中培养信息素养的教学方法研究。以图4-2-2所示的路径进行研究。

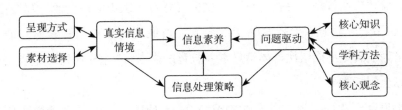

图4-2-2　教学方法

（二）研究难点

高中化学课堂教学培养信息素养实践效果——教学效果评价量表的研究。

四、国内外同类课题研究状况

（一）国外信息素养的演变及发展

1974年，美国信息产业协会主席保罗·译考斯基率先提出了信息素养这一全新概念，并解释为：利用大量的信息工具及主要信息源使问题得到解答的技能。

1987 年，信息学家 Patrieia Breivik 将信息素养概括为一种"了解提供信息的系统并能鉴别信息价值、选择获取信息的最佳渠道、掌握获取和存储信息的基本技能"。

1989 年，美国图书馆协会（ALA）下设的"信息素养总统委员会"在其年度报告中对信息素养的含义进行了重新概括："要成为一个有信息素养的人，就必须能够确定何时需要信息并且能够有效地查寻、评价和使用所需要的信息。"

1992 年，Doyle 在《信息素养全美论坛的终结报告》中将信息素养定义为：一个具有信息素养的人，他能够认识到精确的和完整的信息是做出合理决策的基础，确定对信息的需求，形成基于信息需求的问题，确定潜在的信息源，制订成功的检索方案，从基于计算机和其他信息源获取信息、评价信息、组织信息于实际的应用，将新信息与原有的知识体系进行融合，以及在批判性思考和问题解决的过程中使用信息。

1999 年，英国学院、国家与大学图书馆员协会提出信息素养"七柱模型"。此模型是信息技能的基础模型，包括：确认信息需求、确定满足需求的信息、设计检索策略、寻找与获取、比较与评价、组织应用交流、综合创造。"七柱模型"从信息素养教育的层次出发，由低到高培养信息素养和能力水平，是为了满足不同层次群体信息素养教育的需求。"七柱模型"重点培养学生的综合创新能力。

2000 年，美国大学与研究图书馆协会（ACRL）制定《高等教育信息素养能力标准》，它是比较成熟的、权威的评价标准体系，迄今已被墨西哥、澳大利亚、南非、西班牙以及其他一些国家参照采用。其包括了五个标准，分别是：标准一，有信息素养的学生有能力决定所需信息性质和范围。标准二，有信息素养的学生能够有效地取得需要信息。标准三，有信息素养的学生评定信息和其出处，然后把挑选信息融合到他们知识库和价值体系。标准四，不管是个人还是作为一个团体组员，有信心素养的学生能够有效利用信息来实现特定目标。标准五，具有信息素养的学生懂得有关信息技术的使用所产生的经济、法律和社会问题，并能在获取和使用信息中遵守法律。

2003 年 9 月，联合国教科文组织（UNESCO）和美国图书情报学委员会（NCLIS）联合召开的信息素质专家会议，发布了《布拉格宣言：走向具有信息素质的社会》。将信息素质定义为一种能力，它能够确定、查找、评估、组织和有效地生产、使用和交流信息，并解决面临的问题。明确信息素质是终身学习的核心。

2004 年，澳大利亚和新西兰在继承之前信息内涵的基础上，补充了三点，分别是：利用信息有效学习，创造新知识；利用信息和知识承担公民角色和社会责任；利用信息自主学习、终身学习。

2005 年 11 月，联合国教科文组织主办的"信息素养和终身学习高层研讨会"发布《亚历山大宣言》，再次提出信息素养是终身学习的核心。

2015 年，美国图书馆协会提出"信息素养是有效地和道德地获取、评估和使用信息的能力"。

（二）我国信息素养的研究现状

我国学者对信息素养也进行了研讨，最有代表性的成果是华东师范大学王吉庆教授于 1999 年 7 月出版的《信息素养论》一书，这本书对我国信息素养的研究发展有很大的推动作用。他认为，信息素养就是信息获得、利用、开发的能力。

江西师大钟志贤教授提出我国信息素养主要表现为八方面的能力：运用信息工具、获取信息、处理信息、生成信息、创造信息、发挥信息效益、信息协作、信息免疫。

张倩苇认为，信息素养由信息意识、信息知识、信息能力、信息道德构成。

吴砥等认为，信息素养是一种涵盖了意识、知识、技能及态度、价值观的综合素养。

南京师范大学张义兵、李艺等认为：信息素养是动态变化的概念，具有发展性和层次性。从技术视野来看，信息素养应定位在信息处理；从心理学视野来看，信息素养应定位在信息问题解决；从社会学视野来看，信息素养应定位在信息交流；从文化学视野来看，信息素养应定位在信息文化的多重建构能力。

桑新民教授从三个层次六个方面确立培养信息素养的内在结构与目标体系。第一层次：驾驭信息的能力。高效获取信息的能力；熟练、批判性地评价信息的能力；有效地吸收、存储、快速提取信息的能力；运用多媒体形式表达信息、创造性使用信息的能力。第二层次：运用信息技术的高效学习与交流能力。将以上一整套驾驭信息的能力转化为自主、高效地学习与交流的能力。第三层次：信息时代公民的人格教养。培养和提高信息时代公民的道德、情感、法律意识与社会责任。

具有了以上三个层次的能力，每个人就有了自主学习的能力，所以具有信息素养是学习的基本条件。信息时代的教师首先必须具备信息素养，才能成为合格的教师。

祝智庭教授认为信息素养是终身学习和综合能力的基础，教学必须以信息素养作为新的立足点。

2016年，由世界教育创新峰会（WISE）与北京师范大学中国教育创新研究院共同发布的《面向未来：21世纪核心素养教育的全球经验》研究报告指出，信息素养是21世纪全球公民核心素养的重要组成部分。可见，在"互联网+"时代，信息素养是我们都必须具备的基本素质，每个人都应当具备良好的信息思维，以适应信息社会发展的要求。

2018年4月，教育部出台了《教育信息化2.0行动计划》，强调要"全面提升师生信息素养"，信息素养被写入国家层面的教育信息化规划。

综上所述，国内外信息素养内涵不断发展深化，强调信息素养是人在社会立足和生存的必备条件，信息素养是有效获取、评估和使用信息的能力，它是数字时代的一项关键技能。信息素养教育的终极目标是：让个体具备独立学习的能力。同时，随着社会的发展，信息素养成为信息时代的必备技能，也成为终身学习的基本能力。因此，培养学生的信息素养是当前社会基础教育的重要任务。

（三）国内外化学教学中培养学生信息素养的研究现状

2018年，我以中国知网数据库为依托，以"信息素养+化学"为主题词检索，查到文献共69篇，研究大学生和中职培养信息素养的有8篇，研究教师信息素养的有9篇，研究初高中化学教学中培养信息素养的共52篇。目前高中化学教学信息素养的研究多关注培养信息素养的方法。方法主要有：提高教师信息修养，选择合适教学方法、途径和素材。而结合核心素养方面的信息素养在化学教学中的研究较少。这些研究为本研究提供了有意义的资源和基础。在此基础上，本课题拟从真实信息情境、学生学习角度研究培养学生信息素养的方法与途径。

五、本课题的理论意义和实践意义

（一）理论意义

（1）改变课题组成员"学科教学教知识、技能和能力"的意识，提高老师将学科核心素养融入课堂教学的意识，并在课堂教学中落实。从"学科教学"转向"学科教育"。

（2）凸显学科教学中的价值引领。借助素材、知识点和信息情境设计，引导学生关注社会、经济科技、医学的发展，正确认识化学对社会发展、科技进步的作用，并将所学知识内化为自觉参与有关化学问题的社会实践活动的行为，增强学生的社会责任感。

（3）为学科核心素养的教学积累一定数量的教学案例。在实施过程中提炼出培养学生信息素养的方法，为探索高考备考和培养学生信息素养提供更科学的实践依据。

（二）实践意义

（1）通过"设置不同层次的信息情境及培养学生的信息素养目标"的研究，提高教师的专业素养和科研能力。

（2）培养学生信息素养，为学生终身学习奠定坚实的基础。

（3）使学生适应信息化和知识社会的需要，促进学生发展和有效参与各类社会实践。

（4）提高学生的化学学业成绩。

参考文献

［1］中华人民共和国教育部．普通高中化学课程标准（2017 年版 2020 年修订）［M］．北京：人民教育出版社，2020.

［2］林建芬，陈粉心，李娟．在STSE教学中培养学生基于媒介资讯的化学信息素养——以科普网站、影视节目及微信社群的分析为例［J］．中学化学教学参考，2016（19）：7－10.

［3］王雯．国外信息素养研究最新动态［J］．高校图书馆工作，2009（4）：15－17.

案例2：第十九批清远市教育科研课题

——"高中化学教学培养学生信息素养的实践研究"研究报告

（成果、成效和推广部分）

研究报告从研究背景、理论依据、研究基本内容、重点与难点、研究对象与方法、研究目标、研究过程、研究成效与成果、研究成果推广范围和社会效益、反思方面撰写。由于课题成果的提炼难度大，因此这里呈现的是"研究成效与成果、研究成果推广范围和社会效益"部分。

清远市第十九批基础教育科研立项课题为"高中化学教学培养学生信息素养的实践研究"，课题编号19－60，2018年10月批准立项，2018年12月开题，2021年6月结题。

一、课题成果

（一）提炼了培养信息素养的教学方法

1. 明确化学信息来源与类型

化学信息源于社会热点问题、学术前沿问题、工业生产问题、生活实践问题等真实问题。信息化课程资源是指学生在学习中可以利用的各种信息资料。这些资料主要来自图书、报刊、音像资料、广播、电视、网络等。高考评价体系将高考试题的情境分为日常生活情境、生产环保情境、学术探索情境、实验探索情境和化学史料情境，这些情境实际也是化学信息的来源。

化学信息类型呈现多元化发展的趋势，从教学、试题或教材中的信息呈现方式进行分类，分为文字、符号、数据、模型、表格、图形、声像等信息。

从信息的内容和结构分类，将信息分为：简单良好结构信息，复杂良好结构情境或者简单不良结构信息，复杂不良结构信息。

2. 统计了课程标准的信息资源

新课程下的化学教学对信息素养的培养是教育目标中不可或缺的部分，高中化学课程标准对信息素养教育较为重视。对《普通高中化学课程标准（2017年版2020年修订）》中信息化相关内容进行统计，信息化课程资源针对的学习活动有"查阅""阅读与交流"与"观看影像"等。对课程标准中"内容标准"部分进行信息化课程资源统计，共44条，见表4-2-1。

表4-2-1　课程标准"查阅"类资源统计

分类	化学史	生活与医药	生产	环保	科学与技术
资源数量/条	14	8	10	6	6

据此，课题组老师认真研究课程标准中的学习活动建议中的"查阅"类的内容，将"查阅"类的内容进行整理，设计出三类活动，分别是：学生查阅后交流分享、查阅后讨论展示、查阅后制作笔记展示。在此活动中提升学生获取信息、归纳整理信息、交流信息的能力。

3. 提炼了培养信息素养的课堂教学流程

课题开展研究近三年，课题组教师在专业成长和培养学生信息素养方面都取得了较好的成效。在课题研究实施过程中，课题组教师边学理论边实践，构建了"创设真实信息情境，以问题驱动为主线"培养信息素养的课堂教学流程。（图4-2-3）

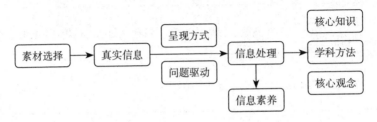

图4-2-3　高中化学教学培养学生信息素养课堂教学流程

信息学习能力内容主要包含：

（1）能够通过对实际事物、实验现象、实物、模型、图形、图表的观察，以及对自然界、社会、生产、生活中化学现象的观察，获取有关的感性认识和印象，并进行初步加工、吸收、有序储存的能力。

（2）能够从情境提供的新信息中，准确地提取实质性内容，并经与有关知识块整合，重组为新知识块的能力。

课题组根据课标的内容要求、学业要求、素养水平、学习内容和学情，设计不同类型结构的信息。设计任务、活动和问题，让学生形成"输入—提取—输出"的信息思维程序。不同信息结构的思维程序不同，解决问题的思路不同。

简单良好结构信息试题解决思路：学生提取新整理信息，运用新信息解决相同情境的问题。关键能力表现为分析、理解信息含义，通过替换、近迁移信息解决新问题。

复杂良好或简单不良结构信息试题解决思路：学生提炼新信息，改造新信息解决相似情境的问题。关键能力表现为概括、归纳信息的本质，通过转化、中迁移信息解决新问题。

复杂不良结构信息试题解决思路：学生概括新信息，重组新信息，解决复杂情境的问题。关键能力表现为理解信息的内涵和外延，通过顺应新知、创造性思维和远迁移解决新问题，突破已有的认知局限，建构新的认知平衡。

三类信息学习类型见表 4 - 2 - 2。

表 4 - 2 - 2　信息学习类型

水平	信息类型	信息能力表现	解决问题的能力要求	解决方法
1	简单良好结构信息	提取、整理	理解、接受、运用	替换、近迁移
2	复杂良好或简单不良结构信息	概括、提炼、改造	概括、归纳、运用	转化、中迁移
3	复杂不良结构信息	筛选、概括、类比	分析、评价、创新运用	重整、远迁移

（二）凝练了化学课堂教学有效培养信息素养的 OLC – TASP 法

1. OLC – TASP 法的理论依据

随着高中课程改革的推进，新修订的普通高中化学课程标准增加了关于情境的要求，明确了基于情境的教学建议和考试命题要求。对于教学，要求课程内容情境化，在教学提示中增加了情境素材建议，这是教学案例设计的重要参考和依据。在教学过程中呈现真实问题情境，有利于学生充分认识化学的价值，发展关键能力，让学生从中领悟科学的思维方法，建立正确的价值观念，从而促进学生化学学科核心素养的形成与发展。对于考试命题提出了素养、情境、问题和知识四要素，构建了以化学学科核心素养为导向的命题框架。在考试中呈现真实情境，实际上是还原了知识产生和应用的真实场景，使得学生对知识的理解、应用和发展具有坚实的现实基础，有利于学生将已学、未学的知识紧密联系起来，从而实现对学生关键能力和必备品格的考查，达到考核学科核心素养的目的，促进学生的全面发展。

基于情境的教学和考试命题已经成为教育教学及考试领域落实核心素养和测评学科能力的重要手段和实现形式。高考化学试题立足于真实情境，考查支撑学生终身发展需求和未来时代发展要求的能力。情境是围绕某一特定主题事实，以文字、数据、图表等方式，为设计问题任务、达成测评目标而呈现试题信息的载体。这是培养学生信息素养的理论依据，因此情境是培养学生信息素养和学科素养的最佳载体。

2. OLC – TASP 法的提炼方法

课题组成员积极学习新课程标准、高考评价体系及高考评价体系说明、建构主义理论和化学类教学杂志的相关文献，在课题研究中不断探索，设立可操作可评价的教学目标。从研究课着手，挖掘培养信息素养的核心要素：真实情境、任务与活动、驱动性问题、知识结构化、思路结构化和观念结构化。提炼核心要素的关键词，用中文串联成一句话，也可以将关键词翻译成英文，用关键词英文的第一个字母连接而成。

3. OLC – TASP 法的内涵

课堂教学培养学生信息素养的方法为：OLC - TASP 方法。T 任务（task）、A 活动（activity）、S 情境（situation）、P 问题（problem）。OLC -

TASP方法的实施步骤：确定主题后，制定学案和适切的学习目标，通过"四化"达成发展学科素养，即目标任务化，以任务驱动，任务活动化，活动情境化，活动问题化，建构知识、方法和观念。在此过程中培养学生的信息素养和核心素养。（图4－2－4）

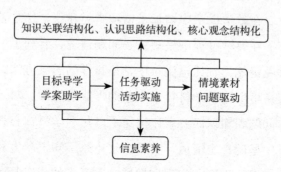

图4－2－4　目标导学和学案助学的 OLC－TASP 方法

4. OLC－TASP 法的实施

精准的学习目标可引导学生主动学习，深入思考，引导学生形成科学思维方法，培养其思维能力，还可有效整合知识以解决实际问题。

（1）学习目标的建立依据

有效的学习目标设计是在理解课程标准，把握教学内容，明确学生学习、心理特点和已有的学习能力的基础上，对课堂教学的行为与方式、内容与对象、达成的程度做出界定。因此，操作性强可评价学习目标的设计。必须深入研究课程标准的内容要求、学业要求、教学提示，深刻解读教材文本内容，准确理解文本的显性知识、隐性知识和编写意图。还需进行学情分析。学情分析包含两部分：一是知识关联，即对已学知识、新学知识和后续学习知识内容的分析。二是学生的发展空间，明确学生已有的能力、发展进阶、学习障碍点，在此基础上制定操作性强、可评价的学习目标，以精准的学习目标引导学生学习思考，形成有序思维。思维方法和思维能力是创新能力的重要组成，目标导学可以有效培养学生的信息素养，在思考中培养学生的高阶思维能力和创新能力。

（2）学习目标的表述

在明确课程标准要求、教材内容、学生拥有的知识经验与思维水平的基础上，就可较好地界定本课学习的行为条件、行为表现及行为程度（在什么情况下采取怎样的活动开展学习以达成课程标准规定的水平）。将四个方面整合起来，并按一定的顺序表述，即"学习目标＝行为主体＋行为条件＋行为表现＋行为程度"。行为主体是学生，可省略，但确定目标时必须心中有学生、眼中有学生。行为条件指学习环境，即活动、辅助手段或学习工具或学习方式等，可参考课程标准的教学提示。行为表现指学习内容，可用"行为动词＋本课时的课程标准中的内容要求（输入性目标）"来表述。行为程度指对学习内容掌握的程度，也可以说是预期的学习目标，也就是达成学业要求（输出性目标）能或会做什么事。

围绕学习目标设计教学活动，通过任务引导、创设情境、问题驱动激发学生学习动机和认知冲突，使学生通过问题建构知识与思路，以此培养学生的信息素养和核心素养。

（3）学案的分类与结构

实施教学活动还需设计基于目标导向的学案，以学案为载体实施教学任务。学案根据教学使用时间可分成课前学案、课中学案、课后评价。课前学案，让学生提前学习。

课中学案围绕学习目标、信息素养、核心素养进行设计，学案由四部分组成。第一部分：精准的学习目标。第二部分：通过任务与活动设计帮助学生习得新知、方法和观念。第三部分：引导学生使用新知、方法和观念解决真实问题。第四部分：归纳整理。

课堂学习内容分成若干个环节，每个环节任务化、任务活动化、活动情境化、活动问题化。

课后评价之检测题命制：每一个学习目标对应1或2道试题。命题有基础题、中等难度的试题和难度大的试题。

（4）课堂教学环节

课堂教学环节包括课前复习或创设情境引入新课、构建新知、运用新知解决问题和整理归纳，环节的设计如图4－2－5所示。

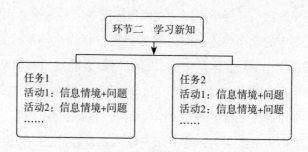

图 4 - 2 - 5　课堂教学环节设计

以"物质的分类"为例说明，具体内容如下。

清远市第三中学2020—2021学年第一学期高一化学

"物质的分类及转化（第一课时）"学案（节选）

第三部分：

环节二：新知学习

一、认识交叉分类法（任务1）

活动1：

1. 将 HCl（沸点 110℃）、H_2SO_4（沸点 338℃）、HNO_3（沸点 122℃）、H_3PO_4（磷酸，沸点 261℃）、H_2CO_3（碳酸）进一步分类，说明分类的依据。（信息情境 + 问题）

2. 墨鱼骨粉（主要成分为 $CaCO_3$）可作治疗胃酸过多的药剂，$CaCO_3$ 属于哪类物质？（尽可能多角度进行分类）已知：$NaHSO_4$（硫酸氢钠，酸式盐），Na_2SO_4（硫酸钠，正盐），$Cu_2(OH)_2CO_3$（碱式碳酸铜，碱式盐）。（信息情境 + 问题）

……

（三）研制了培养信息素养教学效果的评价量表

通过多年的实验，研制了信息素养教学效果的评价量表（表 4 - 2 - 3），重点关注信息素养的评价，用于研究课例的评课，同时促进了教师备课时有意识地选择适切的情境素材，设计培养信息素养的问题。教师设计的情境和问题的思考性大大增强，使用效果良好。

表 4 - 2 - 3　"培养学生信息素养"课堂教学效果评价量表

授课老师		上课班级		上课时间		年　月　日　节			
课题名称				评课老师					
评价项目	分值	评价要点		评价等级					小计
				优	良	中	差		
教学设计	20	以课程标准为依据,教学目标全面、准确具体,切合实际,突出关键能力和学科核心素养,彰显可操作性和可测性		8	6	4	2		
		与学生的心理特征和认知水平相适应,关注学生差异。达到课程标准要求,突出学科核心素养和信息素养的培养		6	4	2	1		
		教学设计合理,有自己的特色,教学设计突显任务化、情境化、问题化、活动化		6	4	2	1		
教学过程	30	教学过程层次分明,思路清晰,过渡自然,突破重难点,容量适度,训练得力		8	6	4	2		
		突显在真实的生活实践情境或学习探索情境中运用学科知识解决实际问题,突出信息素养能力的培养		8	6	4	2		
		教学活动安排得当。教师善于组织、指导和启发。学生乐学善学,有效形成信息意识、提升信息能力		8	6	4	2		
		根据教学需求恰当使用现代化教学手段。充分体现信息技术与学科课堂教学全面深度融合和有效运用		6	4	2	1		
教学效果	30	知识的表达正确无误。知识的发展顺序合理,脉络分明,学生做练习时反应快、正确率高		7	5	3	1		
		形成信息获取、理解掌握、知识整合、研究探索、操作应用、语言表达等素养和学科思维方法。知识获取能力、实践操作能力、思维认知能力有所发展		8	6	4	2		
		学生的理性思维、批判质疑、探究能力、问题解决能力、非智力因素有所发展		8	6	4	2		

评价项目	分值	评价要点	评价等级				小计
			优	良	中	差	
教学效果	30	学生积极参加学习活动，课堂上思维活跃，发言积极讨论热烈，突显信息价值观的形成	7	5	3	1	
教师素质	20	教学观念新，教法灵活，教师能够让学生运用自主、合作、探究的方式学习	8	6	4	2	
		教态自然大方，语言规范生动，有感染力，板书字体工整，版面匀称，内容简练，条理清楚	6	4	2	1	
		及时了解学生的学习情绪和学习效果并及时调节教学内容和教学进程，灵活改变教学方法	6	4	2	1	
总分	等级		A	B	C	D	
			100～85	84～71	70～60	<60	
评价							

（四）开发了培养信息价值观的途径

课程标准中不但设置了大量的"查阅"，同时也设置了"调查"教学建议，对这些信息素养教育素材，不能认为其与化学基础知识教学关系不大、与纸笔测试关系不大而忽略。教育毕竟不单是一份试卷、一个分数，因为信息素养是当代学生基本素质的一个重要组成部分，它可以作为知识的具体背景组织教学，可以作为学生的课外作业或研究性学习的一个专题等。我们要在化学教学的各个环节渗透信息素养教育，因为化学是一门综合性较强的学科，也是一门与生活、生产及社会密切相关的中心学科。在化学教学中多途径地渗透信息教育，这也正是新课程标准中设置大量"查阅"与"调查"教学建议的目的。

1. 创设真实情境是培养信息价值观的内核

将真实情境设置与生活、生产、环保及化学前沿知识结合，以培养学生的信息意识、信息能力和信息价值观。课堂教学中如果授课的知识背景新颖，信息量大，学生学习兴趣、学习积极性和自觉性都有所提高，教学效果也提高了。因此教师必须在精研教材之余，经常去图书馆，通过网络或其他途径获取信息资料，充实教学内容。教学中教师信息素养的展示能诱导学生信息意识的产生与强化。

2. 设置线上线下查阅内容是培养信息价值观的手段

学生的课外作业不能只停留于纸质作业，课程标准中在"活动与建议"栏设置了大量查阅类内容，可以此作为学生的课外作业，让学生在查阅过程中获取信息知识，认同信息中的观点，继而形成信息价值观，将正确的信息价值观内化于心、外化于行。

3. 研究性学习是培养信息价值观的载体

研究性学习不但是培养学生信息素养的一种学习方式，也是培养学生信息素养的一项活动。组织学生进行某项研究性学习，让学生查阅大量的信息并从海量的信息中甄别有用的且正确的信息，抵制不良信息，形成正确的价值取向，这样不但可以培养学生的信息意识、获取信息的能力，而且能着重培养学生综合各种信息以后的信息处理及交流能力，使学生在交流碰撞中发展信息价值观。

4. 举办专题讲座和参观学习活动是培养信息价值观的良策

举办专题学习活动，如专题讲座或小组学术活动，不但是课程标准中所要求的学习形式，而且是信息的表达与应用的一个重要方面。当进行具体的研究性学习后，或布置课外作业后举办学生学术研究活动，能培养学生的信息表达和应用能力，也能培养学生创设新信息的能力。学会学习根本上就是一个人信息素养的具体表现。当然，在教学中也应加强信息道德意识和信息安全意识教育，使学生能自觉抵制各种不良信息，这也是信息素养标准中不可或缺的一个方面，即正确的信息价值观的形成。

（五）形成了成果集

通过课题研究，提升了教师的专业水平和教研能力。成员们共发表了 15 篇论文，其中 6 篇论文获省市一、二等奖。开设市级讲座 4 次，上市、校级公开课 35 节，22 人次获得校、市级的荣誉称号，等等。

二、课题成效

（一）教师方面的成效

1. 以课题成果指导老师参赛，效果显著

以课题成果素养目标下的"四化"法（目标任务化、任务活动化、活动问题化、问题情境化）指导清远市第三中学老师参加广东省清远市第30届教师教学基本功比赛，9人参加比赛，7人获一等奖，2人获二等奖。也用于指导广东省刘永红名教师工作室的学员参加第30届教师教学基本功比赛，有50%的参赛老师是我工作室的学员，学员均获二等奖或二等奖以上。

2. 明确了信息承载的教学功能

通过信息情境，让学生在学习中认识化学科学的价值和功能，领悟科学精神，在教学中发挥化学教学的育人功能：传播基础知识、展现化学价值、激发科学精神和传递爱国主义精神。

（1）引导学生认识化学是美好健康生活的缔造者

化学极大提高了人类的生活水平。在过去的100年中，人类合成了多达2300万种新物质，反映出化学在合成新物质方面强大的生命力和无限的创造力，也极大地满足了人类生存的物质需求。

（2）引导学生认识化学是安全生产的监督者

目前生产中各种安全事故发生，其主要原因是没有掌握安全使用危险化学品的规范操作，或者没有掌握基本的物质性质信息和安全常识。引导学生遵守实验操作规则，掌握安全措施和正确的操作方法，提高安全意识，现阶段或学生步入社会在工作中能有效减少事故的发生。

（3）引导学生认识化学是社会发展的推动者

社会发展离不开化学，化学在保证人类生存并不断提高生活质量方面起着重要的作用。利用化学合成药物，可以抑制细菌和病毒，保障人体健康，例如青霉素的发现。

在教学中传递正确的科学伦理道德。例如，在电视广告中经常会出现"这种饮料中不含任何化学物质""这种蒸馏水绝对纯净，其中不含任何离子"的广告词，其目的是让广大消费者购买这些商品。但是具有化学学科素

养的人会发现，这些广告词完全是在欺骗消费者。

（4）引导学生正确认识化学的价值

展现化学成就，让学生正确认识化学的价值并领悟化学科学思维方法。化学是一门中心科学，是环境科学、能源科学、材料科学和生命科学的重要基础。化学在推动人类进步和社会发展方面发挥着巨大的作用。在教学中设置与环境保护、资源利用、能源开发、材料制造以及药物研发等方面相关的试题，可以让学生认识到化学的突出贡献和价值。

（5）利用化学知识和方法解决环境污染问题

让学生了解化学是自然环境的守护者；化学是解决环境问题的关键学科；环境的保护、治理和改善需要依靠化学学科；应用化学的基本原理、方法和技术，可以控制或清除污染物、治理和改善环境；化学学科对环境保护和可持续发展有着十分重要的作用。

3. 改变了教师的课堂教学行为

教师课堂教学存在问题：教学目标不明确，缺乏情境创设和有思考价值问题的设计，过度讲授、赶进度、完成任务。经过本课题的研究和实践，不但本课题组的教师更新了教学理念、改变了教学行为，清远市第三中学和清远市第三中学的其他学科的教师也更新了教学理念、改变了教学行为。教师课堂教学由原来的"教教材"变为"用教材教"，体现在：课堂教学环节化、教学环节任务（活动）化、教学任务（活动）情境化问题化，让每个学生积极参与。以黄桂贤老师的公开课"认识有机物"（第一课时节选）为例。

根据本节课的学习目标设计了5个教学环节。环节一：引出课题。环节二：探究碳原子间的连接方式。环节三：探究碳原子成键数目。环节四：探究原子成键数目。教学环节五：练习与课堂小结。以环节三为例说明。

活动2：

1. 选用2个或3个碳原子，氢原子数目任选，拼插出你认为合理的有机物，并说明理由。

2. 选用2个碳原子、2个氯原子，氢原子数目任选，拼插出你认为合理的有机物，并说明理由。

思考：

1. C、H、Cl 三种原子的原子半径由大到小的顺序是什么？

2. 碳原子最外层有几个电子？形成几对共用电子对达到稳定结构？

3. 碳原子成键类型是什么？键的长度、键与键之间的角度特点是什么？

分组展示作品和回答问题。

环节二、三、四设计了相应的学生活动，每个活动都以情境和问题引导学生主动学习、积极思考。借助分子模型，让学生在活动中学习了新知，同时，较好地培养了学生的信息素养。本节课也突显了"四化"法设计教学活动的效果。

4. 提高了教师的科研能力

通过课题研究提高了教师的科研能力，如发表了论文、上市公开课、开设讲座和主持课题研究。例如，黄桂贤老师迅速成长，于 2020 年 4 月申报清远市教育科研课题《基于思维课堂建构的高中化学问题链设计实践研究》，课题于 2020 年 8 月通过了立项，已开题和取得阶段性研究成果；丁小绸老师主持的课题《基于元素及其化合物的教学评一体化的教学研究》于 2019 年 11 月被广东省教育学会化学教学专业委员会批准立项。这些说明了教师课题研究意识加强了，科研能力、学习理论和应用理论的水平提高了，在课题研究中主动围绕课题内容上研究课，用心积累课题研究的过程材料。还带动了非本课题组老师积极参加课题研究，其他学科的老师目睹本课题组老师取得的成绩和效果，也纷纷加入课题研究，如 2020 年清远市第三中学有五位老师申报市级课题，全部通过立项，四位老师申报省级课题也全部通过了立项。2021 年清远市第三中学五位老师申报市级课题，通过立项有四项，三位申报省项课题全部通过立项。

（二）学生方面的成效

1. 提高了学生学习化学的兴趣与学习力

在课题研究中，课题组以培养学生的信息素养、优化学生的学习方式为目标，激发了学生学习的主动性，提高了学生的学习效率。基于提升学生的信息素养的化学课堂教学的理念，课题组以学科核心能力为核心，使学生学会自主学习，学会迁移，学会探索，学会总结，学会评价。

2. 提升了学生的信息素养

本课题从信息意识、信息能力和信息价值观三个层面培养学生的信息素养，学生的信息素养得到了一定的提升。学生化学测试的信息题得分率有所提高。

清远市第三中学在广东省清远市公办学校招生属于（5 间民办学校也招收了一批优等生）第四批次，学生的学习能力有待提高。课题组统计了2018—2021 年高二选修化学的学生第二学期化学期末质量检测有机试题中信息化学方程式书写的得分率，2018—2021 年有机化学方程式的仿写试题难度相当，分值相同均为 2 分，这类信息试题得分率比课题研究前高了 1.01 分（表 4 – 2 – 4）。这说明课题研究的培养信息素养的教学方法是有效的。

表 4 – 2 – 4　期末质量检测有机信息题之化学方程式的书写得分统计

时间	2018 年 7 月	2019 年 7 月	2020 年 7 月	2021 年 7 月
考点	端炔烃在催化剂的存在下发生偶联反应的有机化学方程式的仿写	二酮与卤代烃反应的有机化学方程式的仿写	酮醇脱水偶联反应的有机化学方程式的仿写	苯酚与醛反应的有机化学方程式的仿写
分值	2 分	2 分	2 分	2 分
得分	0.18 分	0.20 分	0.75 分	1.19 分

（1）学生能根据自己的学习目标熟练地使用各种信息工具，熟练地运用阅读、访问、讨论、参观、实验、检索等方法获取信息，及有效地收集各种学习资料与信息。

（2）学生对收集的信息能进行归纳、分类、存储记忆、鉴别、遴选、综合分析、抽象概括和表达，如进行研究性学习时，学生能快速搜索需要的信息，并能根据信息确定研究方案。

（3）学生同各种信息源建立和谐的协作关系，自觉抵御和消除垃圾信息、有害信息的干扰和侵蚀，构建合乎时代的信息道德素养。

3. 学生的化学学业成绩有所提高

面对陌生试题，大多数学生放弃不做的，答卷上的这类试题基本是空白的。通过课题研究，增强了学生解决陌生试题的自信心，体现在大部分学生能尝试解决陌生试题。课题组统计了 2020 年上、下学期，2021 年上学期的化学期末质量检测成绩，比课题研究前高了。

参考文献

[1] 中华人民共和国教育部．普通高中化学课程标准（2017 年版 2020年修订）[M]．北京：人民教育出版社，2020.

[2] 单旭峰．恢复高考后化学科考试命题改革述评 [J]．中国考试，2017（6）：12−20.

第五章

教学思想在新课程新课标中的实践

——素养为本的教学设计

第一节　教学目标与学习目标

一、教学目标

1. 含义

教学目标是关于教学将使学生发生何种变化的明确表述，是指在教学活动中所期待得到的学生的学习结果。在教学过程中，教学目标起着十分重要的作用。教学活动以教学目标为导向，且始终围绕实现教学目标而进行。

教学目标是对学习者通过教学后应该表现出来的可见行为的具体明确的表述。它是预先确定的，通过教学可以达到的，并且能够用现有技术手段测量的教学结果。

2. 功能

科学恰当的教学目标，对教学活动主要具有导教、导学、导评价的功能。

教学目标设计是教学设计的根本。

精准的教学目标可引导学生主动学习，深入思考，引导学生形成科学思维方法，培养学生思维能力，有效整合知识以解决实际问题。思维方法和思维能力是创新能力的重要组成，精准的教学目标下的教学活动能有效培养学生的创新意识和创新能力。

我们要改变教学理念，以学生为主体实施课堂教学，因此将教学目标的设定转化为学习目标的确立，关注学生的学，充分发挥学生的主体作用，使学生养成自觉学习的习惯，学会终身学习。学习目标必须是具体明确的、可操作的、可测量可评价的。目标导学可以有效培养学生的关键能力与学科素养，进而使学生形成正确的价值观。

二、学习目标

陶行知先生曾说："先生的责任不在教，而在于教学，是在教学生如何学。"这句话揭示了教学的本质，即教学的过程就是学习的过程，就是教学生如何学习的过程。

1. 学习目标的含义

学习目标是从学生视角出发，为实现预期的学习结果，为学生制定的目标。教学指的是"教学生学"，就要让学生知道学什么、怎样学、学到什么程度、学得怎样（评价的标准是什么），这四要素就是学习目标的内容。

2. 学习目标的意义

从教到学，教师的教学目标转化为学生的学习目标，才能达到学生学习的层面以指引和促进学生的有效学习，凸显教学目标的促学功能。

为学生的学习而设计"学习目标"，是实现从"教"走向"学"，实现学生学习的前提与保障。

学习目标设计体现了教育教学的格局与立意。基础教育改革就是要推动课堂教学的转型，转向与改变——从教书走向育人，从知识传递走向生命价值的挖掘与提升。其中，由教书为本转向通过教书来育人，实现由知识到生命的转换，融通教与育，是其中的关键一步。

3. 学习目标的确立

（1）学习目标的确立依据

学习目标的确立主要依据有：教育理论、心理学理论、课程标准和高考评价体系、教学内容、学生情况。

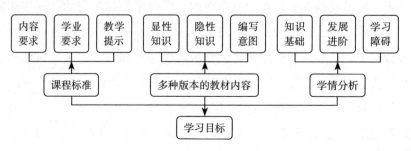

图 5 - 1 - 1　学习目标的制定

（2）学习目标的表述

在明确课程标准要求、教材内容、学生拥有的知识经验与思维水平的基础上，就可较好地界定本单元、本节课学习的行为主体、行为条件、行为表现及行为程度，即明确在什么条件下，采取怎样的活动，学习什么内容，学到什么程度，以达成"课程标准"规定的水平。将四个方面整合起来，并按一定的顺序表述，即"学习目标 = 行为主体 + 行为条件 + 行为表现 + 行为程度"。

行为主体：学生，表述时可以省略，但确定目标时必须心中有学生、眼中有学生，即以学生的学习行为为主体。

行为条件：指学习环境，即活动、辅助手段或学习工具或学习方式或学习途径等。例如，通过探究实验、阅读某材料、小组合作学习、借助某实例、模型拼接等方式，可参考课程标准的教学提示。

行为表现：指学习内容，以动宾结构表示，用可评价的行为动词来表述，分为结果性目标、体验性目标、表现性目标的动词。其中的宾语应结合教材和课程标准中本课时的内容要求（输入性目标）进行陈述。

行为程度：指对学习内容掌握的程度，也可以说是预期的学习目标，也就是达成学业要求（输出性目标），即能或会做什么事，也就是学生在什么条件下能做什么事情，做得怎样（检测标准或程度）。也以动宾结构来表述。其中的宾语应结合教材内容、课程标准中的学业要求、学业质量水平和核心素养水平进行陈述。

水平描述、行为表现与行为程度均用行为动词来表述，水平指在某一专业方面如在生产、生活、政治、思想、文化、艺术、技术、业务等方面所达到的高度。这里说的水平特指学习方面的，学习水平描述用的动词表述较为宽泛，不同的学习水平描述对应不同的行为动词。根据学习内容对学习水平目标进行分类，一般分为应用于知识领域的结果性目标、体验性目标和表现性目标三类。每一类目标对应了具体明确、可观测、可量化的行为动词。

结果性目标的行为动词：行为动词要求具体明确、可观测、可量化。这种可以指向结果化的课程目标，主要应用于知识领域，见表 5-1-1。

表 5－1－1　结果性目标水平与对应的行为动词

目标水平	水平描述	对应的行为动词
知识	了解：再认或回忆知识，识别、辨认事实或证据，举出例子，描述对象的基本特征	说出、背诵、辨认、回忆、选出、举例、列举复述、描述、识别、再认等
	理解：把握内在逻辑联系，与已有知识建立联系，进行解析、推断、区分、扩展，提供证据，收集整理信息	解析、说明、阐明、比较、分类、归纳、概述、概括、判断区别，提供……转换、猜测、预测、估计、推断、检索、收集、整理等
	应用：在新的情境中使用抽象的概念原理进行总结推广，建立不同情境下的合理联系等	应用、使用、质疑、设计、解决、撰写、检验、计划、总结、推广、证明、评价等
技能	模仿水平：在原型示范和具体指导下完成操作；对所提供的对象进行模拟、修改等	模仿、模拟、重复、再现、例证、临摹、扩展、缩写等
	独立操作水平：独立完成操作，进行调整与改进；尝试与已有技能建立联系等	完成、表现、制定、解决、拟定、安装、配制、测量、尝试试验等
	迁移水平：在新的情境中，运用已有技能，理解同一技能在不同情境中的适用性等	联系、转换、灵活运用、举一反三、触类旁通

　　体验性目标的行为动词：描述学生自己的心理感受、情绪体验应达成的标准。它在设计中所采用的行为动词往往是历时性、过程性的，见表5－1－2。

表 5－1－2　体验性目标水平与对应的行为动词

目标水平	水平描述	对应的行为动词
体验	经历（感受）水平：独立从事或合作参与相关活动，建立感性认识	经历、感受、参加、参与、尝试、寻找、讨论、交流、合作、分享、参观、访问、考察、接触、体验等

续 表

目标水平	水平描述	对应的行为动词
体验	反应（认同）水平： 在经历基础上表达感受、态度和价值判断，做出相应的反应等	遵守、拒绝、认可、认同、承认、接受、同意、反对、愿意欣赏、称赞、喜欢、讨厌、感兴趣、关心、关注、重视、采用、采纳、支持、尊重、爱护、珍惜、蔑视、怀疑、摒弃、抵制
	领悟（内化）水平： 具有相对稳定的态度，表现出持续的行为，具有个性化的价值观念等	形成、养成、具有、热爱、树立、建立、坚持、保持、确立、追求、克服、拥护、帮助等

表现性目标的行为动词：明确安排学生各种各样的个性化的发展机会和发展程度。它在设计中所采用的行为动词通常是与学生表现什么有关的或者结果是开放性的，见表 5 - 1 - 3。

表 5 - 1 - 3　表现性目标水平与对应的行为动词

水平目标	水平描述	对应的行为动词
表现	复制水平： 按照教师的提示，重复某项活动；利用可得到的资源复制某项作品、产品或者某种操作活动；按照教师指令和提示，利用多种简单技能从事某项任务	从事、做、说话、写、表演、模仿、表达、展示、复述等
	创作水平： 按照提示，从事某种较复杂的制作；按照自己的思想和可得到的资源完成某种任务；利用多种技能创作某种产品	设计、制作、描绘、折叠、编织、雕塑、收藏、表演、编导、编写、谱曲、扮演、创作等

以上三个表格的行为动词适用于各个学科，以下列出的《普通高中化学课程标准（2017 年版 2020 年修订）》内容要求属输入性教学目标，说明学习内容和学习程度。内容要求的陈述中用一个行为动词来规定学习内容。其中内容要求所用的行为动词分类如下：

事实性知识内容的行为动词：知道、了解、认识等。

技能方法类内容的行为动词：认识、初步学会、学习、探究、体会等。

观念和品质类的行为动词：体会、关注、增强、发展、形成、养成、树立、认同等。

学业要求则用输出式动词来陈述，在行为动词前加"能"，强调学生能力培养的重要性，分为"能完成什么任务"和"用什么方式完成什么事"。学业要求属于输出性目标，是完成本主题学习后的素养表现要求，预期学生完成本主题学习后的素养表现要求，属于输出性要求，即对学生学习本主题后"能够完成什么活动、会用什么方式完成活动"做了规定。

学业要求中的行为动词主要有：能观察、能列举、能说出、能提出、能说明、能判断、能作出、能评价、能运用、能描述、能分析和推理、能预测、能辨识、能解释、能分析、能概括、能设计、能讨论、能论证、能认同、能关注、能欣赏、能参与等。

这为教师制定可操作、可评价的学习目标提供了范例。

以新人教版第六章第一节"化学反应与能量变化"第二课时"化学能与电能"的学习目标制定为例来说明：

普通高中化学课程标准必修课程主题3中本节课的内容要求、学业要求教学资源、学习活动建议、情境素材建议见表5-1-4。

表5-1-4 课程标准"化学反应与电能"中的内容及学习目标的关系

必修课程主题3：物质结构基础与化学反应规律 选择性必修1：主题1化学的反应与能量与本节课的相关内容		
课程标准栏目	**课程标准中的具体叙述**	**学习目标及设计**
内容要求（输入性目标）	必修课程主题3：物质结构基础与化学反应规律 3.4知道化学反应可以实现化学能与其他能量形式的转化，以原电池为例认识化学能可以转化为电能，从氧化还原反应的角度初步认识原电池的工作原理。体会提高燃料的燃烧效率、开发高能清洁燃料和研制新型电池的重要性。 选择性必修1：主题1化学的反应与能量 1.3化学反应与电能 认识化学能与电能相互转化的实际意义及重要应用。了解	必修课程主题3：物质结构基础与化学反应规律的内容。要求3.4可作为学习目标叙写中的"行为表现"的内容

课程标准栏目	课程标准中的具体叙述	学习目标及设计
内容要求（输入性目标）	原电池及常见化学电源的工作原理。了解电解池的工作原理，认识电解在实现物质转化和储存能量中的具体应用。了解金属发生电化学腐蚀的本质，知道金属腐蚀的危害，了解防止金属腐蚀的措施	
学业要求（输出性目标）	必修课程主题3：物质结构基础与化学反应规律 5. 能举出化学能转化为电能的实例，能辨识简单原电池的构成要素，并能分析简单原电池的工作原理。 6. 能举例说明化学电源对提高生活质量的重要意义。 选择性必修1：主题1 化学反应与能量 3. 能分析、解释原电池和电解池的工作原理，能设计简单的原电池和电解池。 4. 能列举常见的化学电源，并能利用相关信息分析化学电源的工作原理。能利用电化学原理解释金属腐蚀现象，选择并设计防腐措施	必修课程主题3：物质结构基础与化学反应规律的学业要求5、6和选择性必修1主题1：化学反应与能量的学业要求3可作为学习目标叙写中的"行为程度"的内容
教学策略	教学中应注重运用实验事实、数据等证据素材，帮助学生转变偏差认识。 注重组织学生开展概括关联、比较说明、推论预测、设计论证等活动。 发挥重要知识的功能价值，帮助学生发展认识化学反应的基本角度，形成基本观念	教学策略作为教学设计中的教学活动设计的理论依据
学习活动建议	设计制作简易即热饭盒；用生活中的材料制作简易电池，探究干电池的构成。讨论原电池的工作原理，查阅不同种类电池的特点、性能与用途，调查新型能源的种类、来源及利用	可作为学习目标叙写中的"行为条件"的内容，也是教学活动中重要实践活动或任务
情境素材建议	电池的历史沿革和发展，如伏打电池的发现、干电池的改进、燃料电池的应用	创设情境的素材来源

根据课程标准中内容要求、学业要求、教学提示、教材内容和学情制定本节课的学习目标，图 5 - 1 - 2 展现了学习目标与课程标准内容要求、教学提示与学业要求的关系。

学习目标：
教学提示：教学中应注重运用**实验**事实、数据等证据素材，帮助学生转变偏差认识。
1.模拟**巴格达电池**进行实验，建构原电池的定义，能举出化学能转化为电能的实例。

情境素材建议：　　　　内容要求：　　　　学业要求：
伏打电池的发现换为　　以原电池为例认识化学　能举出化学能转化
巴格达电池。　　　　　能可以转化为电能。　　为电能的实例。
学业要求：能分析简单原电池的工作原理。

2.从宏观实验现象和氧化还原的角度分析巴格达电池产生电流的微观本质，认识原电池的工作原理，（**能判断**简单原电池的正极及正极反应物、负极及负极反应物、电子和离子移动方向，**能书写**简单原电池的电极反应式和总反应式。）

"能判断…能书写…"是原电池的　　内容要求：从氧化还原反应的角度
工作原理具体表现。　　　　　　　初步认识原电池的工作原理。
教学策略：注重组织学生开展概括关联、比较说明、推论预测、设计论证等活动。

3.通过实验探究原电池的构成要素，从**装置维度**和**原理维度**建构原电池认知模型，能用认知模型设计简单原电池。

学业要求：能辨识简单原电池的构成要素。能设计简单的原电池。

图 5 - 1 - 2　"化学能与电能"的学习目标与课程标准的关系

大多数知识学习课只关注知识与技能的学习，忽视关键能力的培养、学科方法思想的建构和学生素养培养。教师只有树立起强烈的目标意识，深入开展教育教学理论的学习，认真研读和深刻理解课程标准、教材和研究学情，以内容要求制定输入性目标，以学业要求制定输出性目标，掌握学习目标设计的基本思路，才能准确把握教学内容，达成教学要求。只要围绕学习目标设计教学活动，实施教学，就可以使核心素养的培养落实到日常的课堂教学中，很好地培养学生解决问题的能力和学科素养。

参考文献

[1] 中华人民共和国教育部．普通高中化学课程标准（2017 年版 2020 年修订）[M]．北京：人民教育出版社，2020.

[2] 人民教育出版社课程教材研究所化学课程教材研究开发中心．普通高中教科书化学必修第二册 [M]．北京：人民教育出版社，2019.

第二节　学习目标导向的教学设计

一、学习目标导向的教学设计方法

学习目标的设计是教学设计的根本。我制定了具体的、可操作的、可评价的学习目标，并运用我的教学思想践行的教学范式之"四化法"（目标任务化、任务活动化、活动问题化、问题情境化）进行教学设计。将学习目标中的"行为表现"即输入性目标分解为若干个子目标，根据子目标设计若干个学习任务；从普通高中化学课程标准的"学习活动建议、情境素材"和其他相关素材如化学史、生活生产科技中的化学事件等选择素材创设情境；根据学习目标的"行为表现"和学习目标的"行为条件"设计输入性的教学活动；行为程度可作为评价目标的依据，可依据行为程度设计评价目标的表现维度，根据学习目标的"行为程度"设计输出性的教学活动即教学评价活动，以此激发学习动机和认知冲突。通过系列问题和活动的教学实施，以达成知识关联结构化、认识思路结构化、核心观念结构化，以此培养学生关键能力和学科素养。

现以人教版"普通高中教科书化学必修第二册"第六章第一节第二课时"化学反应与电能"为例，说明根据学习目标用"四化法"设计教学活动的方法与思路。（表5－2－1）

表 5 - 2 - 1　"化学能与电能"之学习目标导向的教学设计方法与思路

输入式学习						输出式学习（学习评价）	
输入性目标	目标分解	学习任务	学习活动	学习情境	问题	输出性目标	问题
1. 建构原电池定义（输入式学习——建构新知）	探究化学能转化为电能的装置，建构原电池定义、认识原电池的本质	建构原电池定义	学生分组实验模拟巴格达电池实验	距今已有两千多年的巴格达电池，有一个简陋的陶罐，罐内装有一根铜管，铜管内还包有一根铁棒。只需向陶罐内加入酸或碱性水就能发电	1. 用导线把铁片和铜片连接起来，接上电流表，把铜片和铁片插进装有稀硫酸的溶液中，观察现象。 2. 类似巴格达电池的装置称为原电池，请从能量转化的角度给原电池下定义	1. 能判断原电池。 2. 能举出化学能转化为电能的实例。（输出式学习——迁移应用、解决问题）	举出一个以上生活中的原电池的实例
2. 认识原电池的工作原理（输入式学习——建构知识）	从宏观实验现象和氧化还原的角度分析巴格达电池产生电流的微观本质：	认识原电池的工作原理	从宏观实验现象和氧化还原的角度分析巴格达电池产生电流的微观本质	1. 抽提模拟巴格达电池的简化模型。 2. 动画展示原电池电子移动方向	1. 描述实验现象，说明产生电流的原因。 2. 设计实验证实巴格达电池负极产生的是 Fe^{2+}，正极产生的是 H_2。	1. 能判断简单原电池的正极和负极。 2. 能说出电子和离子移动方向。	燃料电池的能量转化率高，具有安全、高效的特点。氢气燃料电池的工作原理如下图所示，该电池工作过程中，下列说法错误的是（　）。

续 表

输入性目标	目标分解	学习任务	学习活动	学习情境	问题	输出性目标	问题
2. 认识原电池的工作原理（输入式学习——建构知识）	1. 明确正、负极判断的方法。2. 明确电子移动方向、电流方向。3. 书写正、负极反应式和总式				3. 请用氧化还原反应的原理分析原电池化学能转变为电能的工作原理。4. 说说原电池电子和离子移动方向，并说明依据。设计实验证明离子移动方向。（其他问题详见课件与学案）	3. 能书写简单原电池的电极反应式和总反应式。（输出式学习——迁移应用、解决问题）	A. 将化学能转化为电能 B. 电极 a 为负极，其反应式为：$2NH_3 - 6e^- + 6OH^- = N_2 + 6H_2O$ C. 电子由电极 a 通过外电路流向电极 b D. OH^- 向电级 b 迁移 （其他问题详见课件与学案）
3. 建构原电池的认知模型（输入式学习——内化知识、方法、思路）	探究原电池构成要素，建构原电池的认知模型	建构原电池的认知模型	1. 学生分组实验，探究原电池的构成要素。2. 建构原电池的认知模型	给定实验用品，学生进行水果电池的设计与实验	1. 水果电池中水果的作用是什么？2. 通过比较不同材料做电极的简易电池，你是否发现电极材料的选择有一些值得注意的地	用认知模型设计简单原电池（输出式学习——迁移应用、解决问题）	请结合组成原电池的条件，根据氧化还原反应 $Fe + Cu^{2+} = Cu + Fe^{2+}$ 设计一个原电池。画出装置图，并注明正、负两极，标出电子和离子移动方向，写出两极反应式。

174

续表

输入性目标	目标分解	学习任务	学习活动	学习情境	问题	输出性目标	问题
3. 建构原电池的认知模型（输入式学习——内化知识、方法、思路）					方，请与同学交流你的经验。 3. 以上实验中电池不可或缺的构成部分有哪些？ 4. 分析设计的水果电池组成要素，画出原电池的认知模型		作业：根据反应 $Fe+2Fe^{3+}=3Fe^{2+}$ 设计原电池。画出装置图，并注明正、负两极，标出电子和离子移动方向，写出电极反应式

二、导学案助学

实施教学活动还需设计基于目标导向的学案，以导学案为载体实施教学任务。根据教学使用时间，将学案分成三类，分别是课前学案、课中学案、课后评价。课前发学案，让学生提前预习。

1. 导学案的结构

围绕学习目标、信息素养、核心素养设计学案，课中学案由四部分组成。第一部分：精准的学习目标。第二部分：课前知识回顾。第三部分：课堂教学。第四部分：课堂教学效果评价。

课堂学习内容分成若干个环节，每个环节任务化、任务活动化、活动情境化、活动问题化。课堂教学环节化（表5-2-2），环节任务化（图5-2-1）。

2. 课堂教学环节的结构

表 5 - 2 - 2　一节课课堂教学环节的结构

环节一	创设情境，引入本节课的学习
环节二	创设情境，学习新知/复习知识
环节三	创设情境，运用新知/核心知识解决实际问题
环节四	学生归纳整理（结构化知识、学科方法、学科观念）

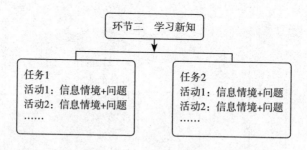

图 5 - 2 - 1　一个教学环节的结构

3. 课堂教学效果评价

教学效果评价之检测题的命制：每一个学习目标对应 1 或 2 道试题。命题有基础题、中等难度的试题和难度大的试题，如"学习目标导向的化学反应与电能"学习效果测评、"物质的分类及转化（第一课时）"学习效果测评，都是按这一思路设计的。

案例：（学习目标 3）请结合组成原电池的条件，根据氧化还原反应 $Fe + Cu^{2+} \!\!=\!\!=\!\! Cu + Fe^{2+}$ 设计一个原电池。画出装置图，并注明正、负两极，标出电子和离子移动方向，写出两极反应式。

根据学习目标设计具有梯度性的纸笔评价试题，能有效快捷地检测教学效果。而通过给定素材或自选素材，让学生自主命题，可以更有效地检测教学效果。这两种方式是达成新课标倡导的"教学评一致性"的行之有效且易实施的方法。

参考文献

［1］中华人民共和国教育部．普通高中化学课程标准（2017 年版 2020 年修订）［M］．北京：人民教育出版社，2020．

［2］人民教育出版社课程教材研究所化学课程教材研究开发中心．普通高中教科书化学必修第二册［M］．北京：人民教育出版社，2019．

［3］人民教育出版社课程教材研究所化学课程教材研究开发中心．普通高中教科书教师教学用书化学必修第二册［M］．北京：人民教育出版社，2019．

第三节　学习目标导向的教学案例

"化学能与电能（第2课时）"教学课件

【学习目标】

1. 通过模拟巴格达电池进行实验，从能量转化的角度建构原电池的定义，能举出化学能转化为电能的实例。

2. 从宏观实验现象和氧化还原的角度分析巴格达电池产生电流的微观原理，认识原电池的工作原理，能判断简单原电池的正极及正极反应物、负极及负极反应物、电子和离子移动方向，能书写简单的原电池电极反应式和总式。

3. 通过水果电池实验，探究原电池的构成要素，从装置维度和原理维度建构原电池认知模型，能用认知模型设计简单原电池。

【教学过程】

巴格达电池（图5-3-1）出土于伊拉克首都巴格达境内，距今已有两千多年的历史，外观看起来只是一个简陋的陶罐，但罐内装有一根铜管，铜管内还包有一根铁棒。研究发现这可能是一个古代化学电池，只需向陶罐内加入酸或碱性水就能发电。

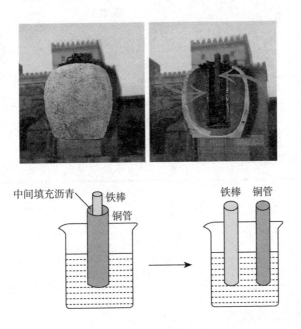

图 5 – 3 – 1　巴格达电池

1. 探究化学能与电能的转化

实验：用导线把铁片和铜片连接起来，接上电流表，插进装有稀硫酸的溶液中，观察现象。

模拟巴格达电池。

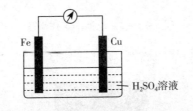

装置	现象
铜片	
铁片	
电流表	

原电池：将化学能直接转变为电能的装置。

PPT 展示实验结果：

装置	现象
铜片	*有气泡产生*
铁片	*有气泡产生*
电流表	*电流表指针发生偏转*

2. 原电池的工作原理

请分析原电池化学能转变为电能的工作原理。(图 5 - 3 - 2)

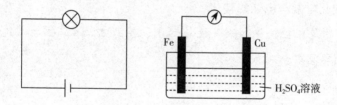

H₂SO₄溶液

图 5 - 3 - 2　电池的工作原理

铜片上产生的气体燃烧的现象如图 5 - 3 - 3 所示。

图 5 - 3 - 3　燃烧的现象

溶液中的离子移动方向如图 5 - 3 - 4 所示

图 5 - 3 - 4 溶液中离子的移动

请在下图中标出电子移动和溶液中阴、阳离子的移动方向，烧杯中盛有 H_2SO_4 溶液。

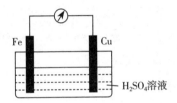

图 5 - 3 - 5 阴、阳离子的移动方向

填写下表：（表 5 - 3 - 1）

表 5 - 3 - 1 实验结果

电极材料	电极名称	氧化剂/还原剂	电极反应式
铁片			
铜片			
电极反应总式			

铁铜原电池工作原理演示（只表示移动方向）见图 5 - 3 - 6：

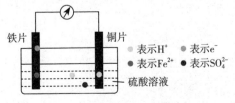

图 5 - 3 - 6 铁铜原电池工作原理

练习：

1. 汽车的启动电源常用铅酸蓄电池，其放电时的原电池反应如下：$PbO_2 + Pb + 2H_2SO_4 = 2PbSO_4 + 2H_2O$。根据此反应判断，下列叙述中正确的是（　　）。（提示：硫酸铅是难溶盐）

A. Pb 是正极

B. PbO_2 得电子，被氧化

C. 负极反应式是：$Pb + SO_4^{2-} - 2e^- = PbSO_4$

D. 电池放电时，溶液的酸性增强

2. 燃料电池的能量转化率高，具有安全、高效的特点。氨气燃料电池的工作原理如图所示，该电池工作过程中，下列说法错误的是（　　）。

A. 将化学能转化为电能

B. 电极 a 为负极，其反应式为：$2NH_3 - 6e^- + 6OH^- = N_2 + 6H_2O$

C. 电子由电极 a 通过外电路流向电极 b

D. OH^- 向电极 b 迁移。

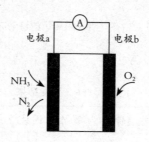

3. 按下图左所示装置进行实验，若下图右中 x 轴表示流入正极的电子的物质的量，则 y 轴可以表示（　　）

①c（Ag^+）　　②c（NO_3^-）　　③a 棒的质量

④b 棒的质量　　⑤溶液的质量

A. ①③　　　　B. ①③⑤　　　　C. ②④　　　　D. ②④⑤

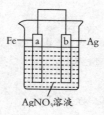 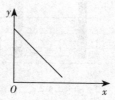

思考：

（1）如果只有铁片与硫酸溶液反应，能产生电流吗？

结论：不能。

通过特定的装置使氧化反应与还原反应分别在两个不同的区域进行，使反应中转移的电子通过导体发生定向移动，形成电流。（图 5 - 3 - 7）

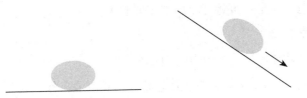

图 5 - 3 - 7　电子的移动

（2）为什么铁片上的电子会自发移动到铜片上？

在铁铜原电池中，铜电极的电势比铁电极的电势高，而电子有从电势低的区域运动到电势高的区域的性质，所以铁片上的电子会自发移动到铜片上。

小结：原电池的反应原理如图 5 - 3 - 8 所示。

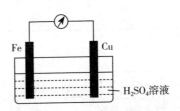

图 5 - 3 - 8　原电池的反应原理

活动：简易电池的设计与制作

目的：根据原电池原理设计和制作简易电池，体会原电池的构成要素。

用品：水果（苹果、柑橘或柠檬等），食盐水，滤纸，铜片，铁片，铝片等金属片，木棒，石墨棒，导线，小型用电器（发光二极管、电子音乐卡或小电动机等），灵敏电流计。

分组实验：

（1）水果电池

参考人教版教材 P37 图片所示的水果电池，自选水果及相关用品，制作水果电池。

（2）简易电池

参考新人教版教材 P37 图片，制作简易电池，并试验和比较不同材料做电极的效果。

（3）设计演示原电池的趣味实验

利用发光二极管、电子音乐卡或小电动机等，设计一个演示原电池的趣味实验，如电压不足，可将几个电池串联起来。

讨论分享：

（1）水果电池中水果的作用是什么？

（2）通过比较以不同材料作为电极的简易电池，你是否发现电极材料的选择有一些值得注意的问题？请与同学交流你的经验。

（3）以上实验中电池不可或缺的构成部分有哪些？

小结：构成原电池的基本要素。

3. 构成原电池的基本要素

构成原电池的基本要素如图 5 - 3 - 9 所示。

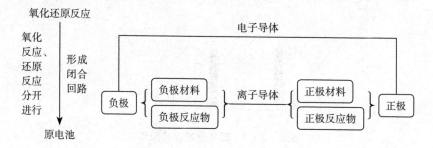

图 5 - 3 - 9　构成原电池的基本要素

思考：为什么原电池中的铁片也有气泡产生？

4. 设计原电池

根据反应 $Fe + Cu^{2+} = Fe^{2+} + Cu$ 设计原电池。画出装置图，注明正、负两极，标出电子和离子移动方向，写出电极反应式。（表 5 - 3 - 2）

思路：分析氧化还原反应，运用原电池的模型找到原电池的四要素。

注：正极材料最好选择不与正极反应物和离子导体反应且能导电的固体，如金属铜、石墨等。

表 5 - 3 - 2　设计原电池

$Fe + Cu^{2+} = Cu + Fe^{2+}$		
确定负极	确定负极反应物：	
	确定负极材料：	
确定正极	确定正极反应物：	
	确定正极材料：	
构成闭合回路	选择离子导体：	
	选择电子导体：	

【总结】

原电池设计总结如图 5 - 3 - 10 所示。

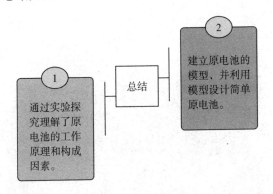

图 5 - 3 - 10　总结

【作业】

1. 根据反应 $Fe + 2Fe^{3+} = 3Fe^{2+}$ 设计原电池。画出装置图，并注明原电池正、负极，标出电子和离子的移动方向，写出正、负电极反应式。

2. （教材 P41 第 7 题）几名同学以相同大小的铜片和芯片为电极研究水果电池，得到的实验数据如下表所示：

实验编号	水果种类	电极间距离/cm	电流/μA
1	番茄	1	98.7
2	番茄	2	72.5
3	苹果	2	27.2

（1）该实验的目的是探究水果种类和_____对电池电流大小的影响。

（2）该实验所用装置中负极材料是_____，该装置将_____转化为电能。

（3）能表明水果种类对电流大小有影响的实验编号是_____和_____。

（4）请你再提出一个可能影响水果电池电流大小的因素：_____
_____。

附：DIY 电池

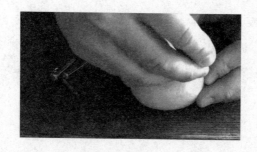

"学习目标导向的化学能与电能"学习效果测评

1. （学习目标2）有关原电池的工作原理，下列说法中不正确的是（　　）。

A. 电池负极发生氧化反应

B. 电池正极发生还原反应

C. 电子流向是从负极流向正极（外电路）

D. 电流方向是从负极流向正极（外电路）

2. （学习目标3）原电池是将化学能转化为电能的装置，但其构成具有一定的要素，这些要素是（　　）。

①电极（负极与正极）　　　　②离子导体如电解质溶液

③电子导体　　　　　　　　　④电极反应

A. ①②③④　　B. ①②③　　C. ①②④　　D. ②③④

3. （学习目标1、3）下列装置中能组成原电池形成电流的是（　　）。

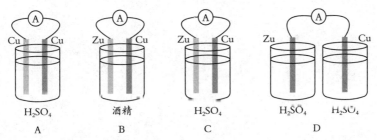

4. （学习目标2）将X、Y、Z、W四种金属片放入稀盐酸中，用导线连接，可以组成原电池，实验结果如下图所示：

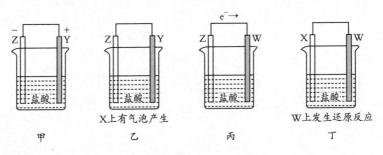

则四种金属的活泼性由强到弱的顺序为＿＿＿＿＿＿＿＿＿＿。

5.（学习目标3）请结合组成原电池的要素，根据氧化还原反应 $2Ag + 2Fe^{3+} = 2Ag^+ + 2Fe^{2+}$ 设计一个原电池。

画出装置图，并注明正极、负极，标出电子和离子移动方向，写出两极反应式。

第四节 学习目标导向的研究与实践案例

基于发展学生核心素养的实验设计

——菠菜中铁元素的检验

一、教材版本

《普通高中教科书化学必修第一册》第三章第一节研究与实践"检验食品中的铁元素",2019 年 6 月第 1 版 2020 年 7 月第 1 次印刷,人民教育出版社。

二、设计理念

根据新课程标准的化学学科核心素养的水平划分、学业质量的内涵及水平、"常见的无机物及其应用的学业要求 3、4、6"设立本课时素养目标之行为程度。根据主题 2 的学业要求 2.1、2.2、2.4 设立素养目标之行为表现。根据主题 2 教学提示中的教学策略"发挥核心概念对元素化合物学习的指导作用、重视开展高水平的实验探究活动、紧密联系生产生活实际创设丰富多样的真实问题情境"确立教学方式和核心活动。根据情境素材建议选择真实情境,并由此形成聚焦学生核心素养发展的"菠菜中铁元素的检验"的教学目标及设计。结合学情,以奥苏贝尔理论建构真实情境下的学习环节,通过设计富有思维价值的问题,帮助学生从"物质类别、氧化还原反应理论"认识物质性质及化学反应的基本角度,解决真实问题,提高学生获取、加工处理信息、迁移和创新的能力,发展学生设计物质检验实验的能力,概括物质检验的一般思路并形成思维模型。将形成的思维模型固化并在解决真实问题时

189

自主调用，能近迁移至其他真实问题的解决中，如黑木耳、芹菜或补血口服液铁元素的检验或海带中碘元素的检验或蔬菜中维生素 C 的检验。能远迁移至其他物质中某化学成分检验，为学生学习其他元素化合物奠定理论基础，也为选择化学的学生解决化工流程题奠定坚实的思维基础。（图 5 - 4 - 1）

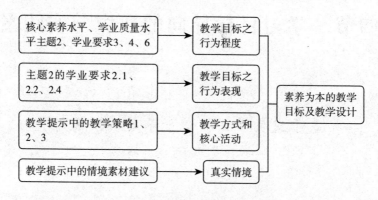

图 5 - 4 - 1　素养为本的设计理念

三、教学目标

（1）课前查资料认识菠菜中铁元素的存在形式，结合铁及其化合物的知识，学会用化学方法检验菠菜中的铁元素。培养学生运用化学反应原理解决简单的实际问题的能力。

（2）通过设计菠菜中铁元素的检验方案，建立"预测—方案—实验—证据—结论与解释"物质检验的一般思路，从而培养学生"证据推理与模型认知"的化学素养。

（3）通过分组设计、评价、优化实验方案与分组实验，培养学生合作沟通能力，敢于质疑和勇于创新的精神，培养学生"科学探究与创新意识"的化学素养。

（4）体会化学知识在生活、生产、科技中的实际应用，使学生能对与化学有关的社会热点问题做出正确的价值判断。

四、本研究与实践的教学思路

本研究与实践的教学思路如图5-4-2所示。

聚焦核心素养的教学目标 → 创设有意义的问题情境 → 设计系列富有思维价值的问题 → 用化学知识解决实际问题 → 知识结构化、思路结构化 → 培养思维能力和核心素养

图5-4-2 研究与实践教学思路

五、本研究与实践方案设计思路

本研究与实践方案设计思路如图5-4-3所示。

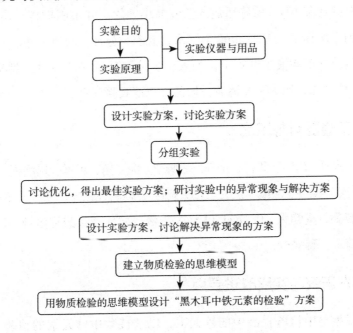

实验目的 → 实验仪器与用品
实验原理 →
↓
设计实验方案，讨论实验方案
↓
分组实验
↓
讨论优化，得出最佳实验方案；研讨实验中的异常现象与解决方案
↓
设计实验方案，讨论解决异常现象的方案
↓
建立物质检验的思维模型
↓
用物质检验的思维模型设计"黑木耳中铁元素的检验"方案

图5-4-3 本研究与实践方案设计思路

六、本研究与实践原理

植物食物中的铁元素主要以非血红素铁存在，菠菜中的铁元素主要以有机铁化合物的形式存在。把菠菜中有机铁化合物转化为铁离子，再用硫氰化钾溶液检验。

$$Fe^{3+} （黄色） + nSCN^- （无色） \rightleftharpoons Fe（SCN）_n （红色）$$

七、本研究与实践方法

学生分组查资料，整合汇总实验方案，分组实验。

1. 水煮法

取新鲜的菠菜 10g，将菠菜剪碎后放在研钵中研磨，然后倒入烧杯中，加入 20ml 蒸馏水搅拌。将上述浊液过滤，得到滤液。

取少量滤液加入试管中，然后加入少量稀硝酸（或少量的稀硫酸与过氧化氢），再滴加几滴 KSCN 溶液，振荡，观察实验现象。

2. 灼烧法

取新鲜的菠菜 10g，剪碎后放入蒸发皿中，灼烧并不断搅拌，烧成灰烬。将灰烬移到小烧杯中，加入 20ml 蒸馏水，煮沸一分钟，趁热过滤。

取少量冷却后滤液于试管中，加入少量的稀硝酸（或少量的稀硫酸与过氧化氢），再滴加几滴 KSCN 溶液，振荡，观察实验现象。

八、实验器材与用品

天平、剪刀、研钵、研杵、烧杯、三脚架、泥三角、坩埚、坩埚钳、酒精灯、火柴、玻璃棒、漏斗、滤纸、试管、胶头滴管、量筒、铁架台、铁夹、铁圈。

新鲜菠菜、蒸馏水、0.1mol/LKSCN 溶液、酸性高锰酸钾溶液、30% 过氧化氢、稀硫酸、稀硝酸。

九、本研究与实践改进要点

人教版教材中检验食品中的铁元素，以"菠菜中铁元素的检验"为例，提供了实验方案。按教材的方案进行实验，红色不明显。因此激发学生质疑，改进实验方案。

1. 菠菜中有大量叶绿素，不利于观察，对水煮法加以改进。在滤液中加入活性炭进行脱色，用脱色后的浅墨绿色溶液进行实验，再用同样的方法检验铁离子。

2. 用灼烧法时因菠菜含水分较多，直接灼烧菠菜时间长。改进方法：将菠菜晾晒两或三天再灼烧，不断搅拌至烧成灰。再用同样的方法检验铁离子。

3. 用加少量稀硫酸的过氧化氢代替稀硝酸达到绿色化学要求，溶液呈现红色，现象明显。

十、本研究与实践教学内容

（1）课前学生分组查资料：菠菜中的铁元素的存在形式及菠菜中的铁元素的检验方法。

（2）各小组展示实验方案。将菠菜中的有机物转化为无机盐，主要有两种方法：水煮法和灼烧法。再加稀硝酸（或少量的稀硫酸与过氧化氢）溶解，再用 KSCN 溶液检验。

（3）分析实验方案科学性、安全性、可行性和简约性，分组实验，展示实验结果。

（4）分析产生异常现象的原因，提出改进方法。

（5）质疑思考、总结提升。建立物质检验的思维模型：预测—方案—实验—证据—结论与解释。

十一、本研究与实践教学过程

1. 课前自主学习、合作学习

学生分组查资料：菠菜中的铁元素的存在形式及菠菜中的铁元素的检验方法。

2. 课中教学环节

环节一：各小组展示实验方案

各小组实验方案见表 5 - 4 - 1。

表 5 - 4 - 1　各小组实验方案

教学内容	学生活动	能力/素养发展目标
1. 认识菠菜中的铁元素的存在形式	小组代表发言：菠菜中的铁元素以有机物的形式存在	课前查阅资料认识菠菜中铁元素的存在形式，培养提取信息和合作沟通能力。课中分享培养学生表达能力

教学内容	学生活动	能力/素养发展目标
2. 各小组展示菠菜中的铁元素的检验的实验方案，并讨论各方案的科学性、安全性、可行性和简约性，形成合理方案	各小组的实验方案主要有两种： 方案一（水煮法）：取新鲜的菠菜约10g，将菠菜剪碎后放在研钵中研磨，然后倒入烧杯，加入30ml蒸馏水搅拌。将上述浊液过滤，得到滤液。取少量滤液加入试管中，然后加入少量稀硝酸，再滴加几滴KSCN溶液，振荡，观察实验现象。 方案二（灼烧法）：取新鲜的菠菜10g，剪碎后放入蒸发皿中，灼烧时不断搅拌，烧成灰烬。将灰烬移到小烧杯中，加入20ml蒸馏水，煮沸一分钟，趁热过滤。取少量冷却后滤液于试管中，加入少量的稀硝酸，再滴加几滴KSCN溶液，振荡，观察实验现象	课中分享实验方案，讨论方案。此过程培养学生自学、提取信息、整合归纳信息和合作沟通能力

环节二：分组实验，展示实验结果

分组实验、实验结果见表5-4-2。

表5-4-2　分组实验、实验结果

教学内容	学生活动	能力/素养发展目标
1. 教师说明实验注意事项和实验安全，学生分组实验。 2. 各小组展示菠菜中的铁元素的检验的实验结果及反思实验过程中出现异常现象的原因	各小组按照本小组设计的方案进行实验，记录实验现象。 实验完毕，整理和清洗仪器。 完成实验报告。 各小组代表展示实验结果： 用方案一的实验结果：溶液略显褐色。 用方案二的实验结果：溶液显浅红色。 也有小组没做出实验结果	培养学生实验操作能力和说明论证能力。 通过反思实验过程中出现异常现象的原因，培养学生的问题意识，敢于质疑和勇于创新的精神。 通过实验现象得出结论，用原理解释原因，培养学生"宏观辨识与微观探析"的化学素养

环节三：质疑思考、总结提升

总结见表 5 - 4 - 3。

表 5 - 4 - 3　总结

教学内容	学生活动	能力/素养发展目标
1. 用相同的方法，分析没得出实验结果的原因。 2. 分析溶液颜色浅的可能原因及改进方法。 3. 稀硝酸作氧化剂时产生有毒气体（NO），可用哪些不污染环境的氧化剂代替呢？已知：常见的氧化剂有酸性高锰酸钾溶液（作氧化剂时，被还原成 Mn^{2+}，紫色变无色）、稀或浓硝酸、过氧化氢（作氧化剂时需加少量的稀硫酸）。 酸性高锰酸钾溶液褪色，能说明菠菜中含二价铁吗？试分析原因。提示：维生素 C 有还原性。 通过以上分析，得出优化后的方案。 从课前的预习、课中实验及得出结果这一过程，尝试整理物质检验的一般思路。 用物质检验的思维模型设计"黑木耳中铁元素的检验"方案	可能是研磨不充分或溶解不充分等原因使铁离子浓度太小，导致没检验出铁离子。 学生思考讨论，小组代表发言分析可能原因： 1. 菠菜中有大量的叶绿素，不利于观察。 2. 新鲜的菠菜灼烧成灰耗时长，灼烧不充分。 改进方法： 1. 加入活性炭进行脱色，用脱色后的浅墨绿色溶液进行实验，再用同样的方法检验铁离子。 2. 改用晾晒过的菠菜。 学生用氧化还原反应原理分析，可用过氧化氢加少量的稀硫酸代替稀硝酸，也可用酸性高锰酸钾溶液代替稀硝酸。 学生思考并讨论酸性高锰酸钾溶液褪色不能说明菠菜中含二价铁的原因。维生素 C 有还原性，也能使酸性高锰酸钾溶液褪色。 学生总结优化后的方案。 学生思考总结，教师点评，初步建立物质检验的一般思路：预测—方案—实验—证据—结论与解释。 学生总结物质检验的一般思路，小组代表分享，组间优化。 学生设计方案，小组代表分享，组间评价	通过铁及其化合物性质与真实情景素材之间的联系，引导学生从化学视角看待和解决实际问题。 体会化学知识在生活、生产、科技中的实际应用，使学生能对与化学有关的社会热点问题做出正确的价值判断。 通过在真实情景中用铁及其化合物的知识解决实际问题，培养了学生关键能力。 引导学生查资料、设计实验方案、实施实验、分析评价，建立物质检验的思维模型：预测—方案—实验—证据—结论与解释。以此培养学生"证据推理与模型认知"的化学素养。 通过本实验设计，巩固学生对元素化合物的认识角度和认识思路。 提炼物质检验的思维模型，应用该思维模型解决实际问题

十二、研究与实践评价

1. 研究内容

在人教版新教材第一册第三章第一节后有一个专题——"研究与实践"：检验食物中的铁元素。教材以菠菜（或其他食品中的铁元素）检验为例，通过查阅资料等方式，让学生自主设计实验方案进行实验，突出以学生为主体的教学模式。但涉及的学科核心知识点较少，学生难以将生活化的实验中的结论与书本核心知识点相联系。学生实验中出现异常现象，所以教师需在教学过程中引导学生查资料、设计实验方案、实施实验、评价并建立探究实验的思维模型。由此培养了学生宏观辨识与微观探析、证据推理与模型认知的素养。

2. 提升学生的思维能力

让学生总结围绕菠菜中铁元素检测定性的思路与方法，在思考交流过程中反思与体会探究活动中"元素化合物认识角度、认识思路"的变化与发展。通过总结环节，帮助学生初步建构食品中某种元素检测的一般思路，巩固学生对元素化合物的认识角度和认识思路，培养学生证据推理与模型认知的化学素养。

3. 增强学生应用化学知识解决实际问题的能力

引领学生从生活现象中探究化学规律，将在课堂中学到的化学知识灵活运用到生活实践中去。化学生活化教学能够从不同维度对学生已有的知识进行加工整合，将书本的概念性知识与生活中常见的现象、物质相联系，探究其中蕴含的学科知识，为学生建构起一套知识应用的体系，再以化学规律更好地服务于生产生活。

4. 于"做中学"中培养学生的创新意识和创新能力

本节课重在引导学生用实验探究生活中的化学问题，在"做中学"。实验中产生新问题，如有学生用过氧化氢加稀硫酸代替稀硝酸作氧化剂，结果发现溶液变成红色（现象更明显了），但过了一段时间后溶液红色变浅了，为什么？这一现象进一步激发了学生的求知欲，课后学生自觉查阅资料解决实验中出现的异常现象，培养了创新意识和创新能力。

参考文献

［1］人民教育出版社课程教材研究所化学课程教材研究开发中心．普通高中教科书化学必修第一册［M］．北京：人民教育出版社，2019.

［2］中华人民共和国教育部．普通高中化学课程标准（2017 年版 2020 年修订）［M］．北京：人民教育出版社，2020.

［3］人民教育出版社课程教材研究所化学课程教材研究开发中心．普通高中教科书教师教学用书化学必修第一册［M］．北京：人民教育出版社，2019.

第六章

专家引领的教学

第一节　认识有机化合物

课　例

"认识有机化合物（第1课时）"教学课件

【学法推介】

费曼学习法： 理查德·菲利普斯·费曼是加州理工学院物理学教授，1965年诺贝尔物理学奖获得者，他被认为是爱因斯坦之后最睿智的理论物理学家，也是第一个提出纳米概念的人。他这么厉害的原因之一是他创造性地运用了一种学习方法：把自己输入（学到）的知识，通过输出的形式教会、教懂他人，通过教导他人，让自己掌握知识。

本节课改进一下：说给自己听，把自己说明白。

如果要问："我不会说，怎么办？"

"慢慢说，边说边拿笔记下关键词。"

如果继续问："我还是不会说，怎么办？"

"复述，会吧。"

【学习目标】

能够从化学与生物学相结合的视角解释地球选择碳基生命的缘由。

1. 通过了解元素组成、有机物的认识方法及手段，知道有机物和无机物并没有明确界限。

2. 通过碳原子结构特点推测、认识碳原子的成键特点、成键类型及方式；能描述 CH_4 的结构，能从微观的化学键视角探析有机化合物的分子结构特点；了解有机化合物种类繁多的原因。

3. 通过尝试给烃下定义，熟悉下定义的方法；通过比较物质的表征方法，知道不同表征方法的象征意义并将知识结构化。

4. 通过搭建模型，认识有机化合物的空间结构特点，培养空间想象能力。

5. 通过活动体验、自悟、自醒，转变学习方式，提高思维能力。

【学习小妙招】

目标解读（内容、程度、条件——教学方法途径等）

费曼学习法

表征（电子式、结构式、结构简式、键线式、分子式、空间模型）

下定义

有机物造字、读音（切、从）

命题

【教学过程】

（一）有机物的定义

（1）含碳元素的化合物（碳的氧化物、碳酸盐等除外）。

（2）地球生命是以碳元素为基础的生命——碳基生命。

（3）组成有机物的元素除 C 外，主要还有 H、O、N、P、S 等元素。（图 6-1-1）

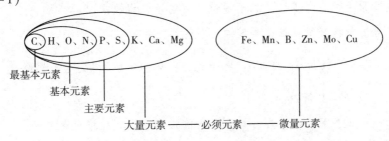

图 6-1-1　组成有机物的元素

问题：地球为什么选择了碳基生命？

化学是揭示元素到生命奥秘的核心力量。（图6-1-2）

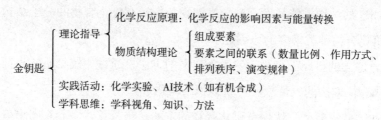

图6-1-2　学习元素化合物的金钥匙

以前打开无机物奥秘时得心应手，今后打开有机物奥秘时同样游刃有余。人类揭示事物奥秘的手段和途径是相通的。

1. 基于组成要素

C、H、O、N、P、S等——来源丰富。组成元素来源丰富，不会因为资源匮乏而影响生命繁衍。

① $C_2H_5O_2N$（甘氨酸）、$C_7H_6O_6N_3$（TNT炸药）。

② CH_2O（甲醛）、C_2H_6O（乙醇等）、$C_2H_4O_2$（乙酸等）。

③ CH_4、C_2H_6、C_2H_4、C_4H_{10}、C_5H_{10}、C_6H_6、$C_{28}H_{58}$。

仅含碳、氢两种元素，怎么想到的？——求同求异

对③下定义：仅含碳、氢两种元素的有机物——烃（tīng）。

2. 基于联系之作用方式——化学键

稳定性：①有机物不易被破坏而发生变质；②有利于形成长链大分子。

说一说影响碳原子成键的C结构特点：

1. C半径小——形成的化学键稳定。

成键原子间距离较小，原子核对成键电子引力较强。

碳基生命具有稳定性、和谐性、多元性。

2. C价电子数为4：$\overset{\times}{\underset{\times}{\times}}C\overset{\times}{}$8。电子构型：8-4＝4（得失电子都难）。

（1）键型：共价键。

（2）成键数目：4对共用电子（四价）——连接较多外来原子。

（3）4 对共用 e⁻ 的来源方式：

$$提供对象和数量\begin{cases}×\overset{\times}{\underset{\times}{C}}× \\ \\ 外来原子\end{cases}$$

设想：碳原子形成 4 对共用电子对有几种方式？

"碳四价"理论横空出世时地媲美牛顿力学。

碳基生命具有稳定性、和谐性、多元性、多样性。

1+4个原子	1+3个原子	1+2个原子	1+1个原子

$\overset{\cdot\cdot}{\underset{\times}{\times C\times}}$　　　　$\overset{\times}{\times C\times}△$　　　　　$\times C\overset{△}{\underset{△}{△}}$　　　　　$C\overset{△}{\underset{△}{△}}$

$$\begin{array}{c} H \\ H×\overset{×}{\underset{×}{C}}×H \\ H \end{array}$$　　　$\begin{array}{c}H \\ H×\overset{\times}{C}×\overset{△△}{O} \end{array}$　$\begin{array}{c}H\quad H \\ H×\overset{\times}{C}××\overset{\times}{C}×H \end{array}$　　$H×\overset{\times}{C}⋮⋮\overset{\times}{C}×H$　$\overset{△△}{O}×\overset{\times}{C}×\overset{△△}{O}$　　$C⋮⋮C$

甲烷　　　　　甲醛　　　乙烯　　　　乙炔　　　CO_2　　　　?

3. 基于联系之排列秩序

《必修1》P108：共价键形成的分子及其结构（表征）。

分子式	电子式	结构式	空间填充模型	球棍模型	结构简式
CO_2	$\overset{△△}{O}×\overset{\times}{C}×\overset{△△}{O}$	O=C=O			
H_2O	$H×\overset{△△}{O}×H$	H—O—H			
CH_4	$H×\overset{H}{\underset{H}{C}}×H$	$\begin{array}{c}H \\ \mid \\ H-C-H \\ \mid \\ H \end{array}$			

（1）请描述甲烷的分子结构：

影响分子空间构型的因素是什么？

你知道的物质表征形式还有哪些？

任务：根据电子式写结构式和结构简式。

电子式：　$H×\overset{H\ H}{\underset{H\ H}{C×C}}×H$　$\begin{array}{c}H\ \ H \\ H×\overset{\times}{C}××\overset{\times}{C}×H \end{array}$　$H×\overset{\times}{C}⋮⋮\overset{\times}{C}×H$

原子数、键型、共用电子对数

学科思维

结构式： H—C—C—H（两端各有H） H—C＝C—H C＝C H—C≡C—H

结构简式： $CH_3—CH_3$ CH_3CH_3 $CH_2＝CH_2$ $CH≡CH$

分子式： C_2H_6 C_2H_4 C_2H_2

（2）单键可以绕轴旋转——柔韧性、弹性，分子能缓冲挤压撞击因而不易被破坏。

任务：搭建 C_2H_6、C_2H_4 和 C_2H_2 的分子模型。

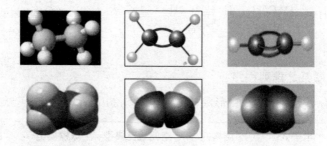

4. 基于演进规律——扩展成链

H—C—H —C—H H—C—H CH_3CH_3

H—C—C—H —C—H $CH_3CH_2CH_3$
$CH_3CH_2CH_2CH_3$
$CH_3CH_2CH_2CH_2CH_3$
$CH_3CH_2CH_2CH_2CH_2CH_3$

自定义：只有单键结构的烃。

$CH_2＝CH_2$ $CH≡CH$
$CH_2＝CHCH_3$ $CH≡CCH_3$
$CH_3CH＝CHCH_3$ $CH_3C≡CCH_3$
$CH_3CH_2CH＝CHCH_3$ $CH_3CH_2C≡CCH_3$
$CH_3CH_2CH_2CH_2CH＝CH_2$ $CH_3CH_2CH（CH_3）C≡CH$

自定义：含有双键结构的烃。   自定义：含有三键结构的烃由链和环形成的碳架构成了生命的脊梁。

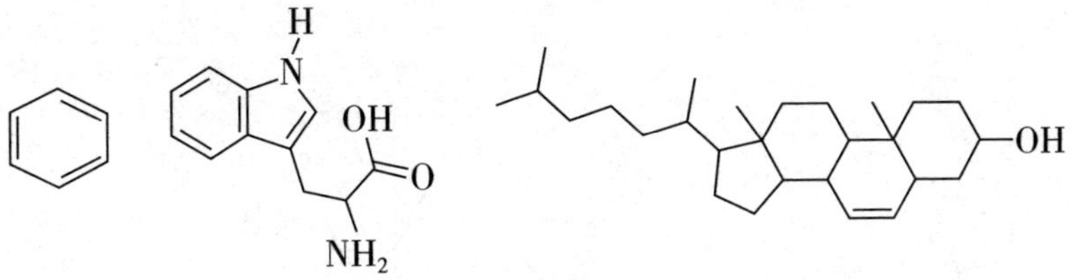

苯　　　　色氨酸　　　　　　　　胆固醇

设计：写出分子中含 4 个 C 的烃的所有可能碳架。

厘清思路：有序化，不重不漏。

优化表征工具：只写碳原子及碳碳键。

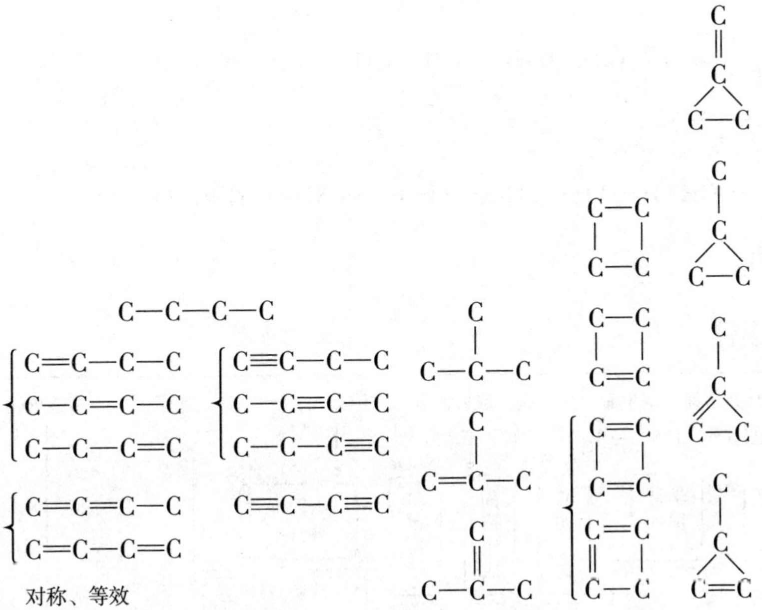

对称、等效

模型搭建：利用球棍模型搭建你设计的所有碳架

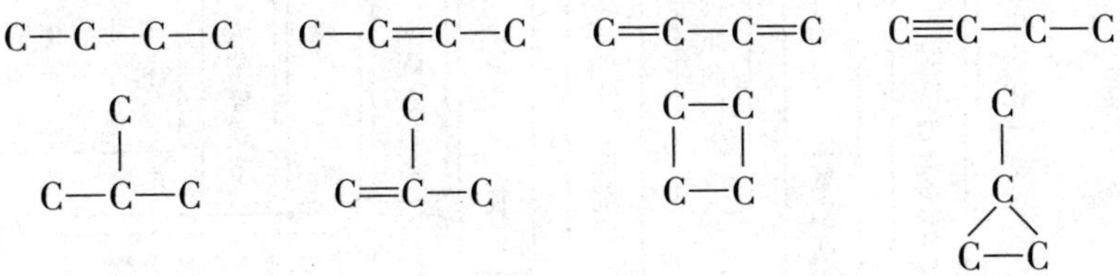

证明：（实证）

解释：

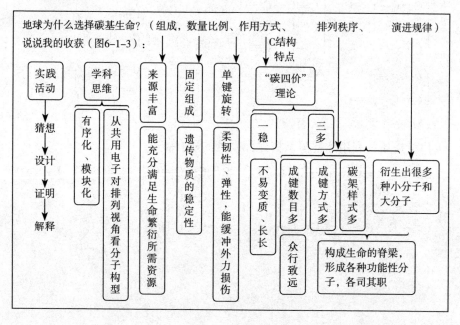

（二）基于化学反应原理认识碳基生命

基于反应条件和地球环境——适应性。

① 参与细胞内生命活动的小分子基本溶于水，有机高分子基本不溶于水。

② $\begin{array}{c}CO_2\\H_2O\end{array}\Big] \rightleftharpoons C_6H_{12}O_6 \rightleftharpoons (C_5H_{10}O_5)n$

③ $\overset{O}{\overset{\|}{\underset{R_1}{C}}}-OH + H-NH-CH_2 \longrightarrow \overset{O}{\overset{\|}{\underset{R_1}{C}}}-NH-CH_2 + H_2O \quad \underset{R_2}{}$

【总结】

地球为什么选择碳基生命？（组成，数量比例、作用方式、排列秩序、演进规律）
说说我的收获（图6-1-3）：

```
实践活动 → 猜想 → 设计 → 证明 → 解释

学科思维
  有序化、模块化
  从共用电子对排列视角看分子构型

来源丰富
  能充分满足生命繁衍所需资源

固定组成
  遗传物质的稳定性

单键旋转
  柔韧性、弹性，能缓冲外力损伤

C结构特点
"碳四价"理论
  一稳
    不易变质、长长
  三多
    成键数目多 → 众行致远
    成键方式多
    碳架样式多
    构成生命的脊梁，形成各种功能性分子，各司其职
  衍生出很多种小分子和大分子
```

图 6 - 1 - 3 总结

【课堂学习效果检测】

下图表示 4 个碳原子相互结合的方式。小球表示碳原子，小棍表示化学键，假设碳原子上其余价键都是与氢原子结合。

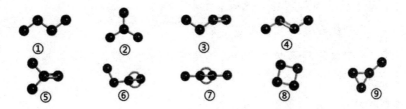

1.（学习目标 1、3）对于以上 9 种有机物，下列说法正确的是（　　　）。

A. ③④⑤是同一种物质　　　　　　B. 属于烷烃的有①②⑦

C. 物质②的结构简式为 $CH(CH_3)_3$　　D. ④的分子式为 C_4H_6

2. 按要求作答：

（1）（学习目标 3）③、⑥、⑨的结构简式分别为＿＿＿＿、＿＿＿＿、

＿＿＿＿，⑦的分子式为＿＿＿＿。

（2）（学习目标 3）9 种有机物中分子式相同的有：＿＿＿＿（填编号）。

3. 简答题：

（1）（学习目标 2、4）分析以碳为骨架的有机物种类繁多的原因。

（2）（学习目标 3）已知⑧和⑨是环烷烃，结合本节课学习的下定义方法，给环烷烃下个定义。

"认识有机化合物（第 1 课时）"课堂学案和学习笔记

问题：地球为什么选择了碳基生命？

学习小妙招

学习元素化合物的金钥匙

1. _____。

2. _____。

3. _____。

一、基于物质结构理论认识碳基生命

（一）基于组成要素认识碳基生命

任务1：观察老师课堂上给出的三组有机物的组成，已知第三组物质都是烃，请尝试给"烃"下定义。

费曼学习法：小结下定义的方法_____。

（二）基于联系的作用方式认识碳基生命

1. 认识碳基生命的稳定性。

2. 认识碳基生命的和谐性、多元性、多样性。

（三）基于联系的排列秩序认识碳基生命

1. 认识有机物的分子结构的维度。

2. 有机物分子的表征方式。

任务2：根据下列烃分子的电子式，写出其结构式和结构简式。

$$H \!\times\! \overset{..}{C} \!\times\!\!\times\!\!\times\!\! \overset{..}{C} \!\times\! H \qquad\qquad \overset{H\;\;\;H}{\underset{H\;\;\;H}{H \!\times\! \overset{..}{C} \!\times\!\!\times\! \overset{..}{C} \!\times\! H}} \qquad\qquad \overset{H\quad H}{\underset{H\quad H}{H \!\times\! \overset{..}{C} \!\times\! \overset{..}{C} \!\times\! H}}$$

任务3：利用球棍模型搭建 C_2H_6、C_2H_4、C_2H_2 的分子模型。

（四）基于演进规律认识碳基生命

任务4：写出分子中含4个C的烃的所有可能的碳架。

任务5：利用球棍模型搭建你设计的所有碳架。

三、归纳与整理

费曼学习法——说给自己听，把自己说明白！

任务6：基于物质结构理论、实践活动和学科思维，归纳有机物中碳原子成键特点的知识、思路和方法。

"认识有机化合物（第1、2课时）"学习效果测评

一、完成以下习题

示例：

请根据以下素材，命制选择题（选择题设置4个选项，单选）、填空题和简答题各一题。

①四氯化碳　　　　　　　　②CH_3CH_2OH

③$CH_3(CH_2)_2CH(CH_3)CH_3$　④CH_3COOH

⑤C_3H_8

⑥$CH_3-CH_2-\overset{\overset{\displaystyle CH_3}{|}}{\underset{\underset{\displaystyle CH_3}{|}}{C}}-CH_3$

⑦$Cl-\overset{\overset{\displaystyle H}{|}}{\underset{\underset{\displaystyle H}{|}}{C}}-\overset{\overset{\displaystyle H}{|}}{\underset{\underset{\displaystyle H}{|}}{C}}-Cl$

⑧$Cl-\overset{\overset{\displaystyle H}{|}}{\underset{\underset{\displaystyle H}{|}}{C}}-\overset{\overset{\displaystyle Cl}{|}}{\underset{\underset{\displaystyle H}{|}}{C}}-H$

⑨C_4H_8　　　　　　　　　⑩HCN

1. 选择题（只有一个选项符合题意）：对于以上①～⑩种物质，下列说法正确的是（　　）。

A. 10种物质均是有机物　　　　B. 属于烃的有③⑤⑥⑨

C. C_3H_8不是烷烃　　　　　　D. $CH_3(CH_2)_2CH(CH_3)CH_3$是结构式

2. 填空题：符合C_4H_8的烃分子有多种，除了$CH_2=CH-CH_2-CH_3$以外，还有_____种，写出其中含碳碳双键的所有分子的结构简式。

3. 简答题：影响分子空间构型的因素有哪些？请说明四氯化碳分子的结构。

二、命制测试任务

下图表示4个碳原子相互结合的方式。小球表示碳原子，小棍表示化学键，假设碳原子上其余价键都是与氢原子结合。

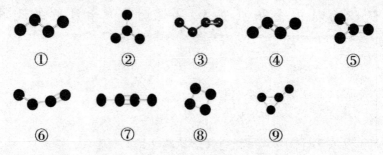

① ② ③ ④ ⑤

⑥ ⑦ ⑧ ⑨

请根据以上素材，参考示例，围绕本节课的学习内容，命制三题试题（也可以多于三题）。

要求：三题考查的知识或方法不相同。

1. 选择题：

2. 填空题：

3. 简答题：

拓展、延伸作业：

1. 基于化学反应原理思考：地球为什么选择了碳基生命？

2. 写一篇"地球为什么选择了碳基生命"的化学科普小文章。

论 文

基于知识结构化、功能化和素养化的教学设计与实施

——以地球为什么选择碳基生命为例

一、教学内容分析

"认识有机化合物"是普通高中人民教育出版社 2020 年 6 月出版的第 1

版"高中化学必修第二册"第七章第一节的内容。九年级化学"有机物的常识"章节中介绍了常见有机物的物理性质、用途，甲烷、乙醇与氧气的反应。编者在学生已有的有机物知识基础上，引导学生站在结构的视角，从碳原子的成键方式入手，从微观层面初步认识有机化合物。教材以最简单的有机物甲烷和基本的有机物类别烷烃为例，对有机物结构的一般特点进行介绍，为学生接下来学习含官能团的烃的衍生物打下基础。以学生熟悉的甲烷为例，应用此前学习过的化学键知识，两个碳原子间的成键方式和多个碳原子间的结合方式，在平面位置关系的层次上给出有机物碳骨架的基本特征。在此基础上用模型和插图，结合思考与讨论栏目，使学生认识到有机物不仅具有立体结构，还可以通过碳原子结合成长链，形成更复杂的结构。以"碳四价"理论和甲烷的空间结构为基础，结合思考和讨论栏目中的分子结构模型，让学生从化学键视角了解有机化合物碳原子的成键特点、连接方式和空间结构特点，自行归纳烷烃的组成和结构特点，同时设置问题引出对烷烃、同系物、同分异构现象和同分异构体的学习。丰富"结构决定性质"的内涵，为烃和烃的衍生物的学习奠定基础。

二、教学现状分析

随着新课程标准的实施和新教材的使用，教师开始重视学生化学核心素养的培养，但很多教师对大概念的理解和素养为本的教学实施仍有偏差。例如，认识有机物的教学中普遍存在两个问题：一是不重视"有机物的认识方法"这一大概念的抽提和教学；二是没突显"有机物中碳原子成键特点"这一知识的结构化设计和功能化教学。为解决这两个问题，更为引导学生从微观认识有机物及帮助学生形成学习有机物的方法和思路，将"认识有机物"这节课进行结构化设计。结构化设计能很好地开启学习有机物的通道，为此教师可整合教材内容、设计意图、课标内容要求、学业要求和核心素养水平，以学科理解、深度学习等理论与指导，重组教材内容。以"认识有机物的方法"为大概念，以"碳基生命"为主题，使教学内容情境化。以"地球为什么选择碳基生命"为挑战性任务，通过学习任务的设计，在解决学科本原性问题的过程中，引导学生建立"认识有机物的方法"这一大概念。以认识思路的结构化串联起知识的结构化, 突显知识的功能化、素养化。为此, 将 "认识有机化合物" 进行结构化设计, 分为三课时完成, 第一、第二课时以连堂方式上, 见表 6 – 1 – 1。

表 6 – 1 – 1　"认识有机化合物" 的结构化教学课时安排

课时	主题	认识角度
第一课时	碳基生命的丰富性、和谐性、多元性和多样性	物质结构原理: 物质组成要素及要素之间的数量关系、作用方式、排列秩序; 学科思维
第二课时	碳基生命的柔韧性、弹性、适应性和结构化, 学习小结	物质结构原理: 演进规律、化学反应原理学科思维和实践活动; 学习方法
第三课时	形成原始生命的物质, 甲烷和烷烃的结构与性质, 同系物、同分异构体	物质结构原理、化学反应原理、学科思维和实践活动

三、教学思想与创新点

1. 有思想的课, 才能走得远

"普通高中化学课程标准" 强调: 以发展化学学科核心素养为主旨, 重视开展 "素养为本" 的课堂教学。为达成这一目标, 教师必须深刻认识 "化学学科理解"。

学科理解, 是对学科知识及其思维方式和方法的本原性、结构化的认识。对于这一概念, 可以从理解什么和怎样理解两个方面加以解读。一是理解什么 (理解对象): ①学科知识是关于化学物质的知识 (学科功能), 是在原子、分子层面对化学物质的成分、组成和结构进行表征, 对化学物质的性质和变化进行描述、解析和应用的知识。②思维方式和方法 (具有学科特质)。二是怎么理解 (本原性和结构化): ①要求教师对学科知识进行本原性思考, 抽提出学科本原性问题。②要求教师能基于学科知识的学科功能, 将学科知识关联起来, 形成有机整体。

教师只有形成对化学学科知识思维方式和方法的系统性认识, 才能引导学生进行迁移应用, 解决真实化学问题, 发展学生的化学核心素养。"认识有机物"是高中化学第一次系统学习有机物知识，为更好地培养学生的核心素养，本设计对新人教版《高中化学必修第二册》第七章第一节和后续学习的烯烃、炔烃的定义进行整合，进行结构化设计，为此采用了五个策略设计教学，这是本设计的创新之处。

2. 抽提大概念，使教学内容结构化

大概念是反映化学学科本质，具有抽象性、概括性、统摄性和广泛迁移价值的化学学科基本思想和观念。对于有机化合物的教学，本设计以"有机化合物的认识方法"为学科大概念，统领有机物的学习。利用"理论指导（化学反应原理、物质结构理论）、实践活动（化学实验）和学科思维（学科视角、学科理解）"三把金钥匙学习有机化合物。

3. 确定主题，使教学内容功能化、素养化

化学教学内容的组织，应有利于学生从化学学科知识向化学核心素养的转化，而内容的结构化则是实现这种转化的关键，"主题化教学"是实现知识功能化、素养化的有效方式。化学主题指能统摄一类化学知识的核心概念或大概念，化学主题是化学学科的结构单元，是有结构的整体（由一类化学知识构成的知识群，这些知识有共性，相互之间有联系）。主题的确定过程，实质就是对化学知识的功能挖掘和素养发展价值的梳理、概括过程。根据课程标准和教材内容的核心知识，本设计确立了"碳基生命"主题。从化学反应原理的角度，基于反应条件和地球环境认识"碳基生命"的适应性；从物质结构理论的角度，基于物质的组成元素认识"碳基生命"的丰富性；从物质组成原子的作用方式"化学键"认识"碳基生命"的稳定性、和谐性、多元性和多样性；基于电子的排列秩序认识"碳基生命"的柔韧性和弹性；基于共用电子对的排列秩序、表征，基于演进规律和化学实践活动"搭建有机物的结构模型"认识"碳基生命"中的有机物分子的空间结构；从反应原理、物质结构、化学实验和化学学科思维，解释了"地球为什么选择了碳基生命"，使教学内容功能化。因此，基于学科理解的化学主题教学，能发挥大概念的统摄功能，使得本课的学习成了一个具有层级结构的有机整体，实现了知识关联结构化、认识思路结构化和核心观念结构化，进而达成知识的素养化。

4. 确立挑战性任务，进行深度学习

深度学习指在教学中学生积极参与、全身心投入、获得健康发展的、有意义的学习过程。深度学习包括四要素：素养导向的学习目标、引领性学习主题、挑战性的学习任务与活动和持续性评价。本课以素养目标为导向，把教学内容转化为引领性学习主题——"碳基生命"，使教学内容情境化。以"解释地球为什么选择了碳基生命"为挑战性任务，围绕挑战性任务设计了系列的活动和驱动性问题，在解决问题的过程中反复运用费曼学习法，使学生主动参与到学习活动中，走向深度思考，以达成培养学生综合运用知识和方法解决实际问题的关键能力，发展学生的核心素养。

5. 运用费曼学习法，实施持续性评价

费曼学习法，把自己输入（学到）的知识，通过输出的形式教会、教懂他人，通过教导他人，让自己掌握知识。费曼学习法，就是以教的方式，逼迫自己自觉、开心地完成有意识的主动学习。学生核心素养的发展是一个自我建构的过程，通过费曼学习法让学生在教授自己或他人的过程中不断理解、重构和呈现知识。理解使学生隐性思维结构化，重构使学生显性思维结构化，呈现使学生结构思维形象化。

本单元围绕"解释地球为什么选择了碳基生命"这一挑战性任务，将其分解成一系列的子任务，设计问题链，通过练习、提问和点评，外显学生的思维过程。学生每完成一个小任务，都用费曼学习法小结所学的核心知识、学科方法和学科思维，把这些要点说给自己听，这实际上是学生在建构知识、方法。以此列诊断学生化学学业质量标准的达成情况和核心素养水平，有效地转变学生的学习方式。在教师的引导下，学生不断地内化知识、外显学习结果，教师对学生的学习过程和结果进行持续性评价，以发展学生的核心素养。

6. 采取多样化方法，转变学生的学习方式

采用多种方法进行结构化单元教学如图 6-1-4 所示，主要运用了目标解读法、金钥匙、下定义等教法。第一节课开始时先解读学习目标，以目标引领本单元的学习，再归纳无机物的学习金钥匙，将其贯穿于有机物模块的学习。创设多样化的学习方式，如费曼学习法、碳架设计、模型搭建、学生

命题、科普小论文的撰写等，促进学生学习方式的转变，以发展学生的学科素养。例如，设计分子中含 4 个 C 的烃的所有可能碳架，用分子模型搭建碳架，以认识烃分子中碳原子的成键类型、成键方式，使学生思维有序化。以甲烷、乙烯、乙炔为例，通过演进不断延长碳链，形成有更多碳原子的烷烃、烯烃、炔烃，从而认识有机物的链。给出示例和命题素材，就所学的知识与方法，让学生命题。命题比做题更能促进学生对知识、方法的理解，帮助学生巩固结构化的知识进而迁移应用。

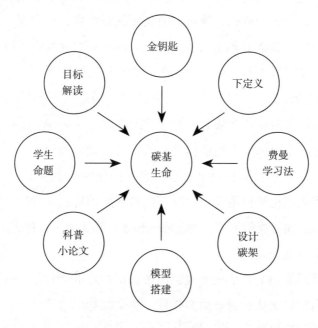

图 6 - 1 - 4 教学方法

四、学情分析

1. 认知基础

学生在九年级化学中已学习了一些与生活相关的有机物，认识生活中常见有机物的物理性质，基于用途认识了甲烷、乙醇与氧气的反应，也知道蛋白质、醋酸、糖类、维生素、石油、塑料和橡胶等物质都属于有机物。学生初步学习了原子结构、化学键的知识和无机物的知识，知道结构决定性质。学生进行"认识有机化合物"内容的学习有一定的知识基础。

2. 能力基础

通过《必修》第四章第三节化学键的学习，学生已经掌握了化学键与物质结构的一些理论基础，能够书写甲烷的分子式、电子式和结构式，能判断常见原子结合形成的化学键类型及个数，为认识烃的结构特点、碳原子的成键方式奠定了能力基础。

3. 认知障碍

《美国国家科学教育标准》认为，化学学习有三大领域：可观察现象的宏观世界，分子、原子和亚原子等微粒构成的微观世界，化学式、方程式和符号等构成的符号与数学世界。化学三重表征指的是宏观知识、微观知识和符号知识的外在呈现形式和在头脑中的加工与呈现形式。

（1）知识障碍

学生在表征有机物概念或有机物性质上存在三个障碍：①微观世界抽象而又无法可见，学生思维受到他们已有的宏观经验的强烈影响，从而难以理解微观表征；②在解释宏观现象或解决实际问题时，学生不能同时用宏观、微观和符号来表征化学物质或化学概念或解释原因等；③学生有限的概念性知识和贫乏的空间可视能力使其不能将一种表征转化为另一种表征。

（2）认识视角障碍

无机物性质主题主要是从宏观层次来认识物质的多样性，有机物性质主题主要是从微观层次认识物质的多样性，学生接触的有机物少。九年级学生进行了有机物的浅层学习，但不能从结构视角认识碳原子的成键问题；不能从连接视角和空间视角认识有机物，空间想象能力较弱、结构意识不强；不能从组成物质结构的要素及要素之间的联系，从最外层电子对数认识电子对的空间构型等视角认识有机物结构；知道构性关系，但对有机物的构性关系理解不透彻。

通过本节课结构化设计，使学生形成有机物的认识视角和认识思路。

五、设计思路

思维是人脑对客观事物间接的概括认识，反映的是事物的本质和事物间规律性的联系。化学学科思维是除了一般科学思维外的具有化学特征的思维方式，如从结构与性质相联系、变化与平衡相统一的视角分析和解决问题的思维方式等。化学学科观念、化学学科思维、科学探究与实践和化学学科价值追求等是化学学科核心素养的重要内涵。为培养学生的思维能力和学科素养，必须合理组织教学内容。内容的结构化能促使知识转化为解决问题的能力和学科素养。本课以"碳基生命"为主题，从学科理解的角度，将化学知识、知识的功能关联起来，形成有机的整体。探索化学教学内容的本质，拓展和深化对化学教学内容本质的认识，建构化学学科思维方式，运用化学特征的思维方式分析和解决实际问题，以此培养学生的学科素养。

本课在有机物和无机物的学习基础和已有的经验背景上系统学习有机物的知识，是对已学有机物知识的深化与拓展。学习是有连续性和进阶性的，有机物和无机物的认识方法是相同的，有机物和无机物的学习是相通的，学生以四把金钥匙已学习了金属（钠、铁）及其化合物、非金属（氯、氮）及其化合物。现仍然用这四把金钥匙学习有机物。为使学生能系统地认识有机物，从整体上形成认识有机物及其变化规律的思维方式，本课建构认识有机物的基本视角和基本思路。

本单元运用"一稳三多"解释"碳基生命"，打通从知识到素养的通道。以"化学反应原理、物质结构、化学实践活动和化学学科思维"四把金锁匙建立有机物的结构化认识思路和认识视角。以"下定义"的方法学习有机物、烃、烷烃、烯烃、炔烃的定义，使繁多的有机物概念学习变得有序化、结构化。围绕"化学键"这一核心概念，与同系物、同分异构体等概念建立关联，下面以结构化设计的第1、第2课时为例。

以主题"碳基生命"为引领，使教学内容情境化。以"解释地球为什么选择了碳基生命"为挑战性任务，用人类认识事物和揭示事物奥妙的手段和方法学习有机物，建立"五线一体"认识有机物的认识视角和认识思路，如图6-1-5所示。

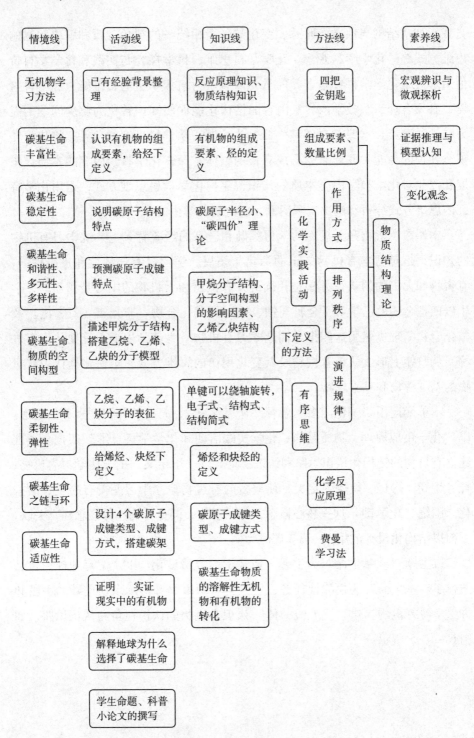

图 6-1-5　"碳基生命"之"五线一体"的结构化教学流程

六、教学实录（以第1、第2课时为例）

第1课时 基于物质结构理论认识碳基生命

用于本单元的物质结构理论有：物质组成、数量比例、作用方式、排列秩序。

课前推介费曼学习法，说明其在本单元和后续学习中的重要意义及使用方法。

环节一：明确学习主题、学习目标和有机物的学习方法

任务1：学习有机物的定义和碳基生命的含义

师：含碳元素的化合物（碳的氧化物、碳酸、碳酸盐、氰化物、硫氰化物等除外），称为有机物。

地球生命是以碳元素为基础的生命，简称碳基生命。

问题：碳元素在地壳中含量多吗？碳原子是否为最容易得电子或最容易失电子的原子？

生：碳元素在地壳中含量少，不是最高的，碳原子也不是最容易得电子或最容易失电子的原子。

引言：地球为什么选择了碳基生命？本单元的任务是从化学和生物视角讨论这一问题。

过渡："化学是揭示元素到生命奥秘的核心力量"，为什么研究化学的人敢于说这话？化学研究者或学习化学的人掌握了揭开事物奥秘的金钥匙。这金钥匙，同学们是已知的。

任务2：归纳学习有机物的金钥匙

引导学生从已学习的无机物方法总结学习无机物的金钥匙。

师：金钥匙——理论指导（化学反应原理与物质结构理论）、实践活动和学科思维。理论指导：化学反应原理（化学反应影响因素与能量转换），物质结构理论包含组成要素和要素之间的联系（数量比例、作用方式、排列秩序和演进规律）。实践活动：化学实验、AI技术。学科思维：学科视角（物质的成分、制备、反应等）、知识与方法。无机物与有机物没有明显界限，这三把金钥匙同样适用于有机物的学习，让我们用金钥匙开启有机物的学习

219

大门。

生：（用费曼学习法小结学习元素及其化合物的方法）人类揭示事物的奥秘的手段和方法都是相通的，学习有机物的金钥匙是理论指导、实践活动和学科思维。

任务3：解读学习目标

明确本结构单元学习的总目标：能从化学与生物学相结合的视角解释"地球为什么选择了碳基生命"。将总目标分解为5个小目标，老师解读目标。学习目标的三要素为行为条件、行为表现和行为程度。不但要重视学习内容，更要重视行为条件即学习方法与途径，程度是学习后需达到的效果。例如：通过碳原子结构特点——学习途径；推测认识碳原子的成键特点、成键类型及方式——学习内容；能描述 CH_4 的结构，能从微观的化学键视角探析有机化合物的分子结构特点——学习程度。目标导学，使学生对要学习的知识心中有数，提高学习效率。

任务4：推介学习小妙招

本单元学习的小妙招主要有：学习目标解读法、费曼学习法、有机物的表征方式（电子式、结构式、结构简式、键线式、分子式、空间结构）、下定义、有机物造字读音、给定素材的命题和科普小论文写作。

突显学习有机物的方法，目的是为学生学习有机物营造一个良好的开端，用方法统领有机物的学习。金钥匙是学习方法，目标导学是方向，用小妙招学习，可达到事半功倍的效果，用命题检测可以检测自己的学习效果。通过目标导学、方法导引、问题导向和活动落实，有效达成教学目标和转变学生的学习方式。

环节二：基于组成要素认识碳基生命

问题链：

1. 分析三组有机物的组成要素。

（1）$C_2H_5O_2$（甘氨酸）、$C_7H_6O_6N_3$（TNT 炸药）。

（2）CH_2O（甲醛）、C_2H_6O（乙醇等）、$C_2H_4O_2$（乙酸等）。

（3）CH_4、C_2H_6、C_2H_4、C_4H_{10}、C_5H_{10}、C_6H_6、$C_{28}H_{58}$。

2. 对第三组物质下定义，并归纳下定义的方法。

3. 用费曼学习法小结下定义的方法。

4. 基于有机物的组成要素和生物学的角度解释"地球为什么选择了碳基生命"。

以上问题的师生活动：

生：（1）中的物质含 C、H、O、N，（2）中的物质含 C、H、O，（3）中的物质含 C、H。

师：给（3）中的物质下定义。

生：含碳、氢元素的有机物。

师：（1）、（2）组的物质都含有碳、氢元素，怎么区分（3）组中的物质呢？

生：含碳、氢元素，不含氮、氧元素。

师：换一组组成元素不同的物质，这种表述能剔除所有的其他元素吗？怎么表述才科学准确呢？

生：仅含碳、氢元素的有机物。

师：仅含碳、氢元素的有机物称为烃，归纳给烃下定义的方法。

生：找出相同的元素，剔除不同部分。

师：找出相同元素即找共同点，从思维的角度说就是求同。除去 O、N 元素，剔除别的事物不具备的部分的思维方式称为求异。加一个限制范围——有机物，即找个邻近的大概念进行限制。请同学们归纳下定义的方法。

生：求同求异加邻近的大概念。仅含有碳、氢两种元素的有机物，叫烃。

师：下定义的一种方法是找一个邻近的大概念，求同求异，用专业术语表述。用费曼学习法说给自己听。

生：表述下定义的方法是求同—求异—邻近的大概念—表述。

师：烃（ting）——从碳和氢两个字各取一部分合成烃，这是有机物的造字，碳取声母氢取韵母，合成烃的读音。

对问题 4，学生无思路。从组成有机物元素的来源与生命资源的关系引导学生思考。

生：组成有机物元素的来源丰富。

师：组成有机物元素的来源丰富，不会因为资源匮乏而影响生命繁衍。这是碳基生命的丰富性。

遗传物质的稳定性，相对稳定。作用方式：化学键。

设计意图： 有机物的概念特别多，学生难以记忆和理解，因此教师引导学生回顾下定义的过程，意在归纳"下定义的方法"：找一个邻近的大概念进行限制，求同（找出事物共同的特点），求异（共同点中剔除别的事物不具备的部分），再用准确的语言表述。引导学生学会下定义，并迁移应用，突显知识结构化和素养化。

有机物中有些字不常用，陌生、易遗忘，从有机物的造字法"会意法"与读音，可帮助学生理解有机物概念。

环节三：基于联系之作用方式——化学键，认识碳基生命

任务1：认识碳基生命的稳定性

问题链：

1. 说说影响碳原子成键的 C 结构特点。

2. 基于碳原子的成键特点和生物学的角度解释"碳基生命的稳定性"。

以上问题的师生活动：

生：碳原子半径小，碳原子价电子数为4。

师：碳原子半径小，对成键和化学性质有什么影响？

生：碳原子半径小，成键原子间距离较小，原子核对成键电子吸引力较强，所以化学键稳定。

师：由于成键原子间距离较小，原子核对成键电子吸引力较强，使有机物的化学性质稳定，也有利于形成长链大分子。

化学键稳定，对碳基生命有什么作用？

生：无法将化学键稳定性和碳基生命联系起来。

师：从碳原子成键的结构特点，说明有机物的化学性质稳定，使组成生命的物质不易被破坏发生变质，且有利于形成长链大分子，即分子组成固定使遗传物质的相对稳定。

任务2：认识碳基生命的和谐性、多元性、多样性

问题链：

1. 碳原子价电子数是多少？得失电子难易程度如何？成键类型是什么？碳原子成键数目是多少？

2. 碳原子形成的 4 对共用电子对来源方式有哪些？外来原子提供的共用电子对数量是多少？外来原子提供的共用电子有何规律？以表格的形式呈现实例的电子式，学生填写其中的项目。

3. 基于碳原子的成键类型解释"碳基生命的和谐性、多元性和多样性"。

以上问题的师生活动：

生：碳原子价电子数为 4，不容易得电子也不容易失电子，易形成 4 对共用电子对，即形成 4 个共价键、8 电子稳定构型。

生：与多种原子形成共价键，也就是与多种原子和睦相处，即碳基生命的和睦性。（表 6 - 1 - 2）

师："碳四价"理论在有机界的地位相当于物理中的经典力学牛顿三大定律的地位。

表 6 - 1 - 2　碳原子形成共价键的类型（碳原子形成共价键的方式）

项目	共用电子的来源方式					
实例的电子式	H H×C×H H	H H×C×O△ △	H H H×C×C×H	H×C×C×H	△O×C×O△	C×C
外来原子及数目	4H	2H、1O	2H、1C	1H、1C	2O	1C
外来原子提供的电子数	1 个/H	1 个/H 2 个/O	1 个/H 2 个/C	1 个/H 3 个/C	2 个/O	4 个/C
成键碳原子的电子式	×C×	×C△			×C×	C×C
碳原子的组合方式	1 + 4 个原子	1 + 3 个原子	1 + 3 个原子	1 + 2 个原子	1 + 2 个原子	1 + 1 个原子

给出表 6 - 1 - 2，学生能快速地填写外来原子及数目、外来原子提供的电子数和甲烷的成键碳原子的电子式，但对其他的成键碳原子的电子式和成键碳原子的组合方式依然没思路。

师：以甲醛为例分析，甲醛分子中的碳原子与 2 个氢原子各提供 1 个电子共用，碳原子与 1 个氧原子各提供 2 个电子共用，即碳原子与 3 个原子成键。

经教师分析，学生很快完成了表格的各栏，见表 6-1-2。

师：这是一种重要的思维方式——有序思维。先找"序"，再按"序"思考问题，可使思考的问题不重不漏。有序思维也可以用于其他化学知识和其他学科的学习。

对问题 3，学生依然找不到思考的角度。

师：能与多种原子形成 4 个共价键，4 个共价键能"和平共处"，与外来原子能和睦相处，体现碳基生命的和谐性。在化学各元素中能形成 4 个共价键，共价键数目较多，连接外来原子的数目多，体现碳基生命的多元性。碳原子之间能形成的共价键有单键、双键和三键，有链状和环状，能组成参与生命活动的多种物质，体现碳基生命的多样性。也可以形成长链，这是生命物质多样性的基础。

设计意图："碳四价"理论为碳原子最外层有四个电子，既不易得电子也不易失电子，通常与其他原子以共价键的方式连接，每个碳原子需要形成 4 对共价键形成 8 电子稳定结构。这是学习有机物的核心知识点之一。引入"碳四价"理论旨在让学生体会科学知识发现的艰辛与重大价值，挖掘化学学科的育人价值。

有序思维，指在思考和解决问题时遵循一定的顺序，按照特定的线索与步骤去探索的一种思维方式。设计任务 2 的问题 2，旨在引导学生形成有序思维，使学生思考问题时不重不漏，形成严密的逻辑思维。在后续的教学中不断强化有序思维，设计任务 1 的问题 2 和任务 2 的问题 3，让学生从碳原子的成键特点和成键方式认识碳基生命的稳定性、和谐性、多元性和多样性，旨在突显知识的功能性，强化"结构决定性质、性质决定用途和功能"的观念。

环节四：基于联系的排列秩序认识碳基生命

任务 1：认识有机物的分子结构

问题 1：请描述甲烷的分子结构。可以从哪些方面描述物质结构？

生：甲烷由碳元素和氢元素组成，甲烷分子由碳原子和氢原子构成。

师：甲烷由碳元素和氢元素组成——从宏观组成描述，甲烷分子由碳原子和氢原子构成——微观描述。碳原子与氢原子的数量关系、原子之间的作用方式和空间构型又是什么呢？

生：甲烷分子碳原子和氢原子数比为1：4，碳原子和氢原子以共价键结合，形成正四面体结构。

师：共价键的类型有多种，描述时要具体。以正四面体说明甲烷分子的结构也不够具体，要说明各原子的位置和排列秩序，再描述甲烷的分子结构。

生：组成要素为碳元素、氢元素（宏观描述），1个碳原子与4个氢原子（微观描述和数量关系）。作用方式为极性共价键。碳原子与氢原子以单键相连，排列秩序为碳原子在正四面体中心，4个氢原子在正四面体的顶点。

师：费曼学习法描述分子结构的要素。

生：分子的空间构型要素。组成：宏观组成（元素组成）、微观组成（原子组成）、原子数量比例、作用方式、排列秩序。

任务2：认识分子的空间构型

师：主族元素的原子多数能形成8电子稳定结构，4对共用电子对以什么方式排列距离最远？

生：正四面体。

师：4对共用电子对为正四面体型。从化学视角学习空间构型：共用电子对的数目是空间构型的决定因素之一，水分子和二氧化碳分子的空间构型分别是什么？

生：水分子中氧原子与两个氢原子分别共用一对电子，所以为V型；二氧化碳分子中碳原子分别与两个氧原子共用两对电子，所以为直线型。

师：影响空间构型的因素有原子数、键型和共用电子对数，这是化学学科思维。

师：物质表征形式有哪些？

生：分子式、电子式、结构式、空间填充模型、球棍模型。

生：搭建乙烷、乙烯、乙炔分子的球棍模型和空间填充模型。

师：以乙烷为例，将碳碳单键旋转180°后是否为同一物质？

生：分子式相同，结构相同，是同一种物质。

师：碳碳单键可以旋转，所有单键都可以旋转，键的旋转对形成碳基生命的物质有何影响？

学生不能将"键的旋转"与"物质的性质"联系起来。

师：碳碳单键可以旋转，所有单键都可以旋转，使生命物质有弹性和柔韧性，物质有弹性和柔韧性。能缓冲或抵抗外力的破坏作用。

设计意图：描述甲烷的分子结构，旨在引导学生从宏观组成、微观构成、原子数量比例、作用方式、排列秩序五个方面认识物质的结构。通过对甲烷、水、二氧化碳分子的空间构型的分析，引导学生从共用电子对数、原子数、键型来认识物质的空间构型，突显学科思维的培养。从物质的结构认识物质的功能，突显知识的功能性。

任务3：学习有机物的表征方式

问题：$\begin{matrix} H & H \\ | & | \\ H-C=C-H \end{matrix}$ 和 $\begin{matrix} H\diagdown && \diagup H \\ & C=C & \\ H\diagup && \diagdown H \end{matrix}$ 是同一种物质吗？为什么？

生：是。结构式不表示物质的真实空间结构。

师：同学们的分析是正确的。请根据乙烷、乙烯、乙炔的电子式，写出结构式和结构简式。

生：书写乙烷、乙烯、乙炔的结构式和结构简式。

师：把结构式简化后成了结构简式，怎样简化呢？

生：结构简式省略了单键（碳碳单键可省略也可不省略）和碳氢键，但碳碳双键不能省略。这体现了控制变量，控制了碳碳双键这一变量。

师：分子式、电子式、结构式和结构简式能否表示分子的空间构型？

生：分子式、电子式、结构式和结构简式都不能表示分子的空间构型。

师：分子空间构型有哪些表征方法？

生：采用空间填充模型和球棍模型。

师：电子式、结构式、结构简式能表示键型、成键原子之间的连接顺序吗？

生：电子式、结构式、结构简式能表示键型、成键原子的连接顺序，但不表示空间构型。

第2课时　基于演进规律、化学反应原理认识碳基生命

环节五：基于演进规律认识碳基生命

任务1：认识演进规律

师：通过动画模拟 CH_4 分子中的 H 原子被甲基代替，CH_3CH_3 分子中的 H

原子被甲基代替，继续取代，得到以下物质：

（1）CH_3CH_3、$CH_3CH_2CH_3$、$CH_3CH_2CH_2CH_3$、$CH_3CH_2CH_2CH_2CH_3$、$CH_3CH_2CH_2CH_2CH_2CH_3$等。给这类物质下定义。

生：邻近的大概念——烃。

学生的思维依然停留在元素组成中区分此类物质，学生找不出（1）中的物质的共性，此时教师给出（2）组、（3）组物质，对比这三组物质的异同。

（2）$CH_2{=}CH_2$、$CH_2{=}CHCH_3$、$CH_3CH{=}CHCH_3$、$CH_3CH_2CH{=}CHCH_3$、$CH_3CH_2CH_2CH_2CH{=}CH_2$。

（3）$CH{\equiv}CH$、$CH{\equiv}CCH_3$、$CH_3C{\equiv}CCH_3$、$CH_3CH_2C{\equiv}CCH_3$、$CH_3CH_2CH(CH_3)C{\equiv}CH$。

生：（1）组物质只含碳碳单键的烃。

师：只含碳碳单键结构的烃，称为烷烃。请同学们给（2）组和（3）组的物质给下定义。

生：（2）组物质——只含碳碳双键结构的烃，（3）组物质——只含碳碳三键结构的烃。

师：同学们通过演进规律认识了烷烃、烯烃和炔烃的定义。如何以演进规律解释碳基生命？

学生依然不会解释。

师：通过演进规律形成成千上万种的有机物，形成长链，还可以扩展成环，如人体所含的 20 种氨基酸，成碳环的氨基酸只有 4 种，如色氨酸

，人体必需的维生素 C

。

色氨酸有安神抗抑郁作用。胆固醇：植物合成生长素的潜质，细胞膜的重要组成部分，与磷脂结合，高温下固定磷脂，低温下防止磷脂的液晶化。

链和环构成了维生素、氨基酸、脂肪等生命物质，形成的碳架构成了生命的脊梁。

设计意图：通过动画展示烷烃、烯烃、炔烃的模块化，学生从演进规律

认识了三类烃，但给（1）组物质下定义时，学生思路受阻，求同的思维还定格在物质组成上。此时教师给出另外两组物质，学生对比后顿悟：还可从键型区分烃。学生能给烷烃、烯烃、炔烃准确地下定义。

学生学会下定义，不会因为有机物概念多而混淆，同时掌握了下定义的一种方法，也初步认识了模块思维。

任务2：形成有序思维和模块思维

活动：

1. 写出分子中含4个C的烃的所有可能碳架。提示：思维有序化，先找碳架的序，再书写。

2. 利用球棍模型搭建自己设计的碳架。（同桌的学生分工合作完成）

生：书写含4个C的烃的所有可能碳架和搭建模型。

学生在书写含4个C的烃。

教师巡视学生的设计，发现学生思路不清晰，大多数学生写漏、写重。教师及时提醒。

学生产生的新问题老师不做分析，让学生书写含4个C的烃后搭建模型，学生发现有些模型是同一种物质。

生：小组代表展示搭建的模型并说明书写思路，学生间相互交流与评价。

学生利用球棍模型搭建碳架，小结设计思路时缺乏一定的"序"。

师：书写时找碳架的顺序为链—键，链—环，环—键。分析4个C的碳架，需要考虑对称性和等效氢。老师解释对称性和等效氢的含义。

链→键：

4个碳原子在一条链上：有碳碳单键、碳碳双键（1个或2个）、碳碳三键（1个或2个）。

4个碳原子不在一条链上：有碳碳单键，有1个碳碳双键。

链→环→键：

4个碳原子可成三碳环也可成四碳环，环内有碳碳单键、碳碳双键（1个或2个）。3个碳原子成环的，碳碳双键在环内或环外。（见表6-1-3）

表6-1-3 四个碳原子的烃碳架书写思路

链状			环状	
无支链		有支链	四碳环	三碳环
(1) C—C—C—C		(11) $\begin{array}{c} C \\ | \\ C-C-C \end{array}$	(14) $\begin{array}{c} C-C \\ | \quad | \\ C-C \end{array}$	(19) $\begin{array}{c} C \\ | \\ C \\ \diagup \diagdown \\ C-C \end{array}$
(2) C=C—C—C	(7) C≡C—C—C	(12) $\begin{array}{c} C \\ | \\ C=C-C \end{array}$	(15) $\begin{array}{c} C-C \\ | \quad | \\ C-C \end{array}$	(20) $\begin{array}{c} C \\ || \\ C \\ \diagup \diagdown \\ C-C \end{array}$
(3) C—C=C—C	(8) C—C≡C—C	(13) $\begin{array}{c} C \\ || \\ C-C-C \end{array}$	(16) $\begin{array}{c} C=C \\ | \quad | \\ C=C \end{array}$	(21) $\begin{array}{c} C \\ | \\ C \\ \diagup \diagdown \\ C-C \end{array}$
(4) C—C—C=C	(9) C—C—C≡C		(17) $\begin{array}{c} C=C \\ || \quad | \\ C-C \end{array}$	(22) $\begin{array}{c} C \\ | \\ C \\ \diagup \diagdown \\ C=C \end{array}$
(5) C=C=C—C	(10) C≡C—C≡C		(18) $\begin{array}{c} C-C \\ | \quad | \\ C≡C \end{array}$	
(6) C=C—C=C				

设计意图：通过设计4个C的烃碳基和模型搭建活动，在学生互评的基础上，引导学生从链、环和键的角度形成有序思维，实质是以分类的思想来设计碳架，并归纳整理。因本内容是第一节有机物的第二课时，主要从球棍模型认识碳链的对称性和等效氢原子，以"序""对称、等效"达成写出来的碳架"不重不漏"，为同分异构体的书写打基础。最后说明表6-3-1中（5）（17）（18）（22）物质不能稳定存在。

环节六：基于化学反应原理认识碳基生命

任务1：从化学反应角度认识生命的起源

师：观看视频——米勒实验，说说原始生命是如何形成的。

生：观看视频，思考回答。

原始大气中无机物小分子 NH_3、H_2、H_2O、CH_4、H_2S 等在宇宙射线、闪电、紫外线等作用下形成有机小分子，如氨基酸、核苷酸和单糖等，这些有机小分子是形成原始生命的基本粒子。这些基本粒子经过长时间的演变，形生成物大分子蛋白质和核酸。然后随着地球上自然条件的演变，有机高分子组成多分子体系，多分子体系演变成原始生命。生物大分子进一步演变成能进行自我复制、可以新陈代谢的原始生命。

任务2：基于反应条件和地球环境认识碳基生命的适应性

问题：组成生命物质的元素主要有哪些？参与生命活动的小分子物质和有机高分子物质主要有哪些？这些物质能否溶于水？

生：组成生命物质的元素主要有氧、碳、氢、氮、磷、硫、氯、钾、钠、钙和镁等。

参与细胞内生命活动的小分子主要有水、无机盐、氨基酸、核苷酸、维生素等，有机高分子物质有蛋白质、脂肪、糖类等，参与细胞生命活动的小分子基本溶于水，有机高分子基本不溶于水。

师：$CO_2 + H_2O \rightleftharpoons C_6H_{12}O_6 \rightleftharpoons (C_5H_{10}O_5)\,n$，$R_1COOH + H_2NCH_2R_2 \longrightarrow R_1CONHCH_2R_2$。

碳是宇宙中的基本元素之一，也是所有生命分子的基本骨架元素。碳不仅能与自己结合，还能与氢、氧、氮和硫等元素结合，从而形成具有复杂结构的有机物，并能与水进一步相互作用，开始具有代谢和自组织的前生命化学功能。

阅读材料：

（1）自然界中绿色植物（包括藻类）吸收光能，把二氧化碳和水合成葡萄糖，同时释放氧气。葡萄糖在酶的作用下可合成淀粉，葡萄糖在人体内转化为丙酮酸、二氧化碳等物质同时放出能量，供人体生命活动。这类反应条件温和，在自然界广泛存在。

（2）羧酸与胺反应可以合成氨基酸，丙酮酸在细胞内合成为氨基酸，氨基酸分子间通过成肽反应形成蛋白质，氨基酸和蛋白质是人体必需的营养物质。碳原子组成了蛋白质分子链，之后构成了地球上最早的生命体。

如果没有碳，就不会有 DNA、蛋白质、脂质、糖类、脂肪、肌肉组织或任何其他构成生命的东西。碳基生命是最适宜地球环境的一种生命构成。生命体的形成和运动都需要进行一系列复杂的化学反应，有些元素的化学反应对环境的要求比较苛刻，而碳原子的化学活动的反应条件能够很好地匹配地球上的环境，即有很强的适应性。

（3）新陈代谢产生的 ROS（活性氧，如 H_2O_2）大量堆积时，可能对 DNA、RNA 和蛋白质等重要分子造成损伤。生物代谢产物自由铁、甲基供体和细胞产生释放的 ROS 相互作用产生甲烷是消除过量 ROS 的一种途径。而这些生命活动的条件都是在常温下就可进行的。

生：通过阅读材料和听老师讲解，认识自然界中在地球环境与自然条件下合成碳基生命的物质，理解碳基生命和地球环境的适应性。

环节七：归纳整理地球选择碳基生命的原因

引导学生理解三把金钥匙在学习有机物中的应用，从知识结构化（组成要素、要素间的联系）和知识的功能化的角度认识地球为什么选择了碳基生命。

环节八：检测学习效果（课后完成）

限时完成检测题。

1. 命题

下图表示 4 个碳原子相互结合的方式。小球表示碳原子，小棍表示化学键，假设碳原子上其余价键都与氢原子结合。

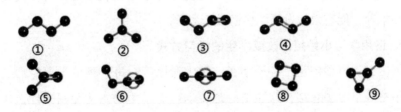

请根据以上素材，围绕本节课的学习内容，命制三道试题（也可以多于三道）。

要求：选择题（选择题设置 4 个选项，单选）、填空题和简答题各一题，三题考查的知识或方法不相同。

2. 写作科普小论文，进行评比，择优发表在市级刊物《清远教育》上。

七、教学效果与反思

1. 突显知识的结构化与功能化

知识功能化，也就是用知识解决实际问题，在解决实际问题的过程中打通知识到素养的通道，用物质结构理论解析碳原子的结构特点，用碳原子的结构特点解析地球为什么选择了碳基生命，关联了物质结构与化学反应原理的知识，使知识结构化。以碳原子成键特点为载体，引导学生从组成要素及要素之间的联系的角度学习有机物。以认识有机物方法的三把金钥匙使认识思路结构化。以碳基生命贯穿始终，使认识视角结构化，突显知识的认识功能。

2. 突显学科思维的培养

甲烷分子的氢原子被—CH_3取代，乙烷分子的氢原子被—CH_3取代，丙烷分子的氢原子被—CH_3取代，依次取代下去；乙烯分子的氢原子被—CH_3取代，丙烯分子的氢原子被—CH_3取代，丁烯分子的氢原子被—CH_3取代，依次取代下去。炔烃也有类似的取代。以此认识模块化，为同分异构体的学习做铺垫，模块化思想也可应用于有机反应的学习。

判断物质的空间结构从关注原子变为关注 4 对共用电子对的空间排列情况，从键型、原子数和共用电子对数这一化学视角和学科思维来认识分子的空间构型，为物质结构的价电子互测理论的学习做铺垫。通过搭建 4 个碳原子的碳架来形成有序化、模块化的，并完成分子空间构型的学习，突显学科思维的培养，能有效地发展学生的核心素养。

3. 运用学习小妙招，改变学生的学习方式

下定义、模型搭建、字形字音、学生命题等，每个环节学习完后，学生都运用费曼学习法总结，这能很好地调动所有学生的兴趣和积极性，还降低了学习难度，有效地转变学生的学习方式，较好地培养学生的学科素养。

"认识有机物"一课进行了结构化设计，根据结构化设计来实施教学，能很好地突显知识的结构化和功能化，为学生开启了学习有机物的通道。从学生命制的试题质量来看，学生运用三把金钥匙学习有机物的效果较好。

围绕主题抽提大概念，设计挑战性任务和驱动性问题，实施持续性评价，

能使知识结构化、功能化，认识思路结构化，有效地改变学生的学习方式和发展学生的核心素养。

参考文献

［1］郑长龙．化学学科理解与"素养为本"的化学课堂教学［J］．课程·教材·教法，2019（9）：120 – 125.

［2］中华人民共和国教育部．普通高中化学课程标准（2017 年版 2020 年修订）［M］．北京：人民教育出版社，2020.

［3］教育部基础教育课程教材专家工作委员会．普通高中化学课程标准解读（2017 年版 2020 年修订）［M］．北京：高等教育出版社，2020.

［4］人民教育出版社课程教材研究所化学课程教材研究开发中心．普通高中教科书化学必修第二册［M］．北京：人民教育出版社，2019.

［5］人民教育出版社课程教材研究所化学课程教材研究开发中心．普通高中教科书教师教学用书化学必修第二册［M］．北京：人民教育出版社，2019.

［6］秦林，胡久华，支梅，等．促进学生有机化合物结构认识方式发展的模型搭建活动教学研究［J］．化学教育（中英文），2021，42（23）：62 – 69.

第二节　配合物与超分子

"配合物与超分子（第1课时）"教学课件

【学习目标】

1. 通过实验探究，能分析配位键的特征和实质，能说明典型配合物的成键类型，能描述简单的配合物的组成、结构、性质、用途和制备。

2. 通过讨论，能比较配位键与共价键、离子键的区别和联系，能说明配位键与配合物的关系。

3. 能运用配位键的模型解释配合物的某些典型性质，能用配位键解释某些沉淀溶解、颜色变化实验现象；发展证据推理与模型认知的学科核心素养。

【教学过程】

问题：血红蛋白为什么能运输氧气？

（1）血红蛋白含有4条肽链（图6-2-1），每条肽链环绕一个亚铁血红素基团，此基团可携带一分子氧或一分子二氧化碳。血红蛋白因含有血红素而呈红色。

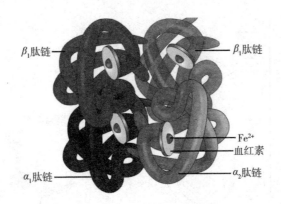

图 6 - 2 - 1 血红蛋白含有 4 条肽链

（2）在血液中，氧气的输送是由血红蛋白来完成的，氧气和血红蛋白是怎样结合的呢？

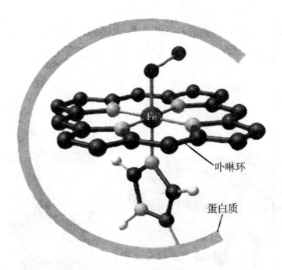

（3）载氧前，血红蛋白中 Fe^{2+} 与卟啉环中的四个氮原子和蛋白质链上咪唑环的氮原子均通过配位键相连。此时，Fe^{2+} 没有嵌入卟啉环平面，而是位于其上方约 0.08nm 处。

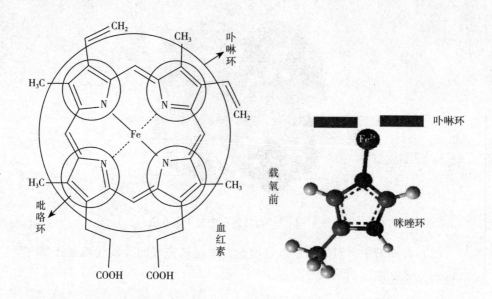

（4）载氧后，氧分子通过配位键与 Fe^{2+} 连接，使 Fe^{2+} 滑入卟啉环中，形成氧合血红蛋白配合物。

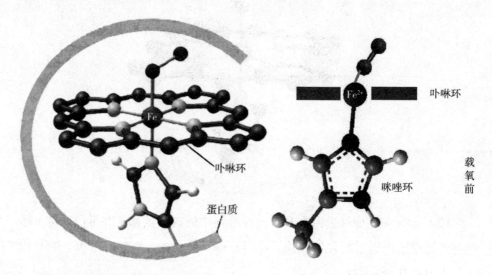

环节一：探秘配位键的成键特点

（1）配位键

依据反应 $NH_3 + H^+ = NH_4^+$，讨论 NH_3 是如何与 H^+ 形成 NH_4^+ 的。

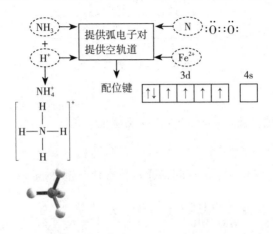

配位键：由一个原子单独提供孤电子对，另一个原子提供空轨道而形成的化学键，即"电子对给予—接受"键。其实质上是一种特殊的共价键。

配位键其实就是一种特殊的共价键，也具有方向性和饱和性。

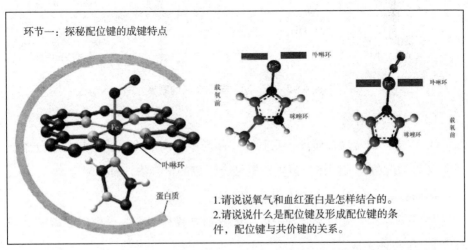

环节一：探秘配位键的成键特点

1.请说说氧气和血红蛋白是怎样结合的。
2.请说说什么是配位键及形成配位键的条件，配位键与共价键的关系。

（2）配位键的形成条件

① 配位键形成条件如下：

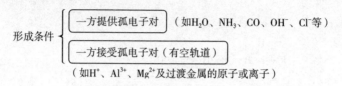

图 6 - 2 - 2　形成条件

② 表示方法：

图 6 - 2 - 3　表示方法

信息：

$CuSO_4$ 为白色固体，$CuSO_4 \cdot 5H_2O$ 晶体呈蓝色。

$$Cu^{2+} + 4H_2O \Longrightarrow [Cu(H_2O)_4]^{2+} （蓝色）$$

评价任务一：Cu^{2+} 与 H_2O 间是通过什么化学键形成 $[Cu(H_2O)_4]^{2+}$ 呢？

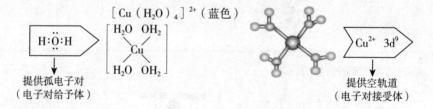

图 6 - 2 - 4　Cu^{2+} 与 H_2O 间的联系

（3）配位化合物

① 定义：通常由金属离子或原子（称为中心离子或原子）与某些分子或离子（称为配位体或配体）以配位键结合形成的化合物，简称配合物。

例如：$[Ag(NH_3)_2]OH$、$[Cu(NH_3)_4]SO_4$。

② 组成结构：配位化合物一般由内界和外界构成，内界由中心离子（或原子）、配位体构成。

配位原子：配位体中提供孤电子对的原子。

常见的配位原子有 X、O、S、N、P 等

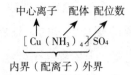

环节二：探秘配合物的结构

评价任务二：请分析下列配合物的结构，说说配合物中含有的化学键类型。

中心离子　配体 配位数

$$[\ Ag\ (NH_3)_2]\ OH$$

内界（配离子）外界

有离子键、共价键、配位键

图 6 - 2 - 5　配合物含有的化学键

评价任务三：请根据给出的配合物完成表 6 - 2 - 1。

表 6 - 2 - 1　配合物

配合物	内界	外界	中心粒子	配位体 （配位原子）	配位数
$[\ Cu\ (NH_3)_4]\ SO_4$	$[\ Cu\ (NH_3)_4]^{1+}$	SO_4^{2-}	Cu^{2+}	NH_3	4
$K_3\ [\ Fe\ (CN)_6]$ 六氰合铁酸钾	$[\ Fe\ (CN)_6]^{3-}$	K^+	Fe^{3+}	CN^-	6
$[\ Co\ (NH_3)_5Cl]\ Cl_2$	$[\ Co\ (NH_3)_5Cl]^{2+}$	Cl^-	Co^{3+}	NH_3、Cl^-	6
$Ni\ (CO)_4$ 四羰基镍	$Ni\ (CO)_4$	无	Ni	CO	4

配合物结构小结：

（1）配合物有些有外界，有些无外界。

（2）中心粒子可以是阳离子，也可以是中性原子。

（3）配位体可以是离子或分子，可以有一种或同时存在多种。

（4）配位数通常为2，4，6，8这样的偶数。

（5）对于具有内、外界的配合物，内、外界之间以离子键结合，在水溶液中，内、外界之间完全电离，但内界离子较稳定一般很难电离出来。

例如：$[Cu(NH_3)_4]SO_4 \Longrightarrow [Cu(NH_3)_4]^{2+} + SO_4^{2-}$

评价任务四：在血红蛋白的一条肽链中，中心离子是＿＿＿＿＿＿＿，配位原子是＿＿＿＿＿＿＿，配位数是＿＿＿＿＿＿＿。

吡咯环是配位体吗?

环节三：配合物的存在与应用

（1）在生产、生活中的应用。

热水瓶胆镀银（银镜反应）
$[Ag(NH_3)_2]OH$

电解氧化铝的助熔剂
$Na_3[AlF_6]$

Fe^{3+}的检验：　　　　　　　　　血红色溶液

图6-2-6　配合物的存在与应用

又由于硫氰化铁配离子的颜色极似血液，常被用于电影特技和魔术。

（2）在医药中的应用：第二代铂类抗癌药（碳铂）。

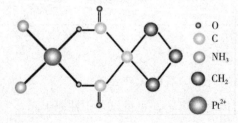

O
C
NH₃
CH₂
Pt²⁺

（3）生命体中中的应用

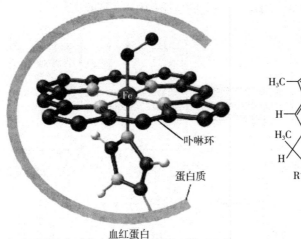

血红蛋白

叶绿素

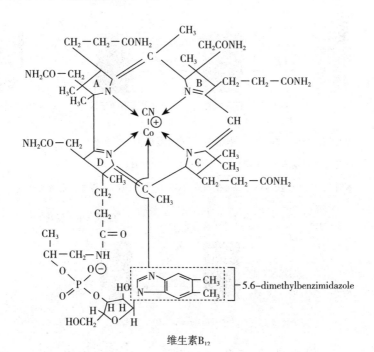

维生素B₁₂

环节四：配合物的制备及性质探究

制备任务一： 制备 $[Cu(NH_3)_4]SO_4$ 的实验操作。（图6-2-7）

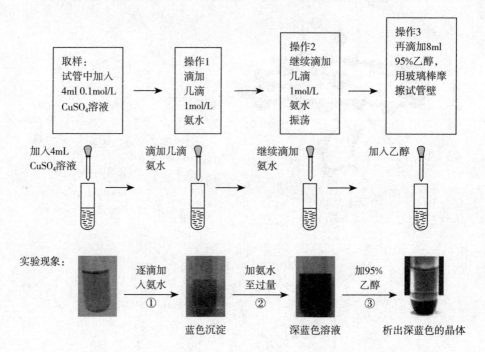

请你写出反应"操作1""操作2"的化学方程式。

操作1：$Cu^{2+}+2NH_3 \cdot H_2O = Cu(OH)_2\downarrow+2NH_4^+$

操作2：$Cu(OH)_2+4NH_3 = [Cu(NH_3)_4](OH)_2$ 深蓝色溶液

$\underset{(蓝色)}{[Cu(H_2O)_4]^{2+}} \longrightarrow \underset{(深蓝色)}{[Cu(NH_3)_4]^{2+}}$ 配体发生了转化

实验现象：

铜氨配合物 $\xrightarrow[乙醇]{95\%}$ 析出深蓝色的晶体

$[Cu(NH_3)_4]^{2+}+SO_4^{2-}+H_2O = [Cu(NH_3)_4]SO_4 \cdot H_2O$

图6-2-7 制备 $[Cu(NH_3)_4]SO_4$ 的实验操作

思考： 在 $[Cu(NH_3)_4]SO_4$ 溶液中加入乙醇后，会有晶体析出，你知道原因是什么吗？

$[Cu(NH_3)_4]SO_4 \cdot H_2O$ 晶体中的内界和外界是以离子键相结合，而乙醇分子的极性较弱，相似相溶，所以在 $[Cu(NH_3)_4]SO_4$ 溶液中加入乙醇后，会有晶体析出。

制备任务二：制备 $[Ag(NH_3)_2]Cl$ 溶液的实验操作。（图6-2-8）

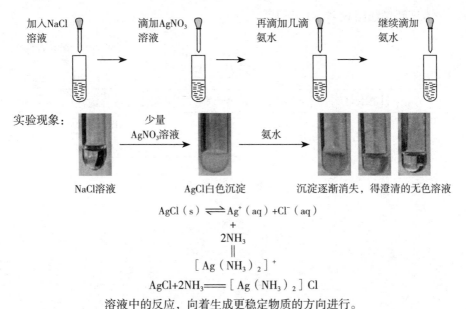

实验现象：

NaCl溶液 AgCl白色沉淀 沉淀逐渐消失，得澄清的无色溶液

$$AgCl(s) \rightleftharpoons Ag^+(aq) + Cl^-(aq)$$
$$+$$
$$2NH_3$$
$$\parallel$$
$$[Ag(NH_3)_2]^+$$

$$AgCl + 2NH_3 \Longrightarrow [Ag(NH_3)_2]Cl$$

溶液中的反应，向着生成更稳定物质的方向进行。

图6-2-8 制备 $[Ag(NH_3)_2]Cl$ 溶液的实验操作

你能解释一氧化碳中毒的原理吗？

一氧化碳中毒的病人如何救治？

$$Hb + O_2 \rightleftharpoons HbO_2$$
$$+$$
$$CO$$
$$\Updownarrow$$
$$HbCO$$

血红素中的 Fe^{2+} 与 CO 分子形成的配位键比 Fe^{2+} 与 O_2 分子形成的配位键强，因此血红素中的 Fe^{2+} 与 CO 分子结合后，就很难再与 O_2 分子结合，血红素失去输送氧气的功能，从而导致人体 CO 中毒。

救治方法：关上煤气阀门，让中毒者离开中毒环境，转移到室外通风开放的地方。

【总结】

本课总结如图 6 - 2 - 9 所示。

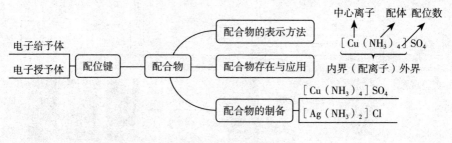

图 6 - 2 - 9　总结

致　谢

导师、领导和同行的鼓励与鞭策，使我如沐春风，从不懈怠，满怀教育热情，点亮前行之灯，践行教育之道。

特别感谢在教育生涯中给予我帮助、指导、鼓励的老师，如广东省新一轮百千万人才工程高中名理科名教师培养对象的实践导师马文龙老师、理论导师钱扬义老师、班主任郑海燕老师，我的大学老师何广平老师，还有广东省新一轮百千万人才培养工程培训班的同学们，我校各位领导和化学科组的老师、同事、同行等所有帮助过我的人。

在我的专业成长中，原清城区教师发展中心的化学教研员吴筱华老师为我架起成长之路，搭建了很多成长平台。清远市教师发展中心高中化学教研员卢盛云老师给我极大的帮助和高屋建瓴的指导，卢老师还创设了很多平台让我不断成长。卢老师犹如一盏指明灯，一直在指引着我前行。特别感谢这两位老师！

正是有了老师们的指引，我才能够一路成长，在育人之路上砥砺前行。